DE L'UNIVERS A L'ÊTRE

DU MÊME AUTEUR

Les Médicaments, collection « Microcosme », Seuil, 1969.

Évolution et sexualité des plantes, Horizons de France, 2e éd., 1975 (épuisé).

L'Homme renaturé, Seuil, 1977 (Grand prix des lectrices de *Elle*. Prix européen d'Écologie. Prix de l'académie de Grammont) (réédition 1991).

Les Plantes : amours et civilisations végétales, Fayard, 1980 (nouvelle édition revue et remise à jour, 1986).

La Vie sociale des plantes, Fayard, 1984 (réédition 1985).

La Médecine par les plantes, Fayard, 1981 (nouvelle édition revue et augmentée, 1986).

Drogues et plantes magiques, Fayard, 1983 (nouvelle édition).

La Prodigieuse Aventure des plantes (avec J.-P. Cuny), Fayard, 1981.

Mes plus belles histoires de plantes, Fayard, 1986.

Le Piéton de Metz (avec Christian Legay), éd. Serpenoise, Presses universitaires de Nancy, Dominique Balland, 1988.

Fleurs, Fêtes et Saisons, Fayard, 1988.

Le Tour du monde d'un écologiste, Fayard, 1990.

Au fond de mon jardin (la Bible et l'écologie), Fayard, 1992.

Le Monde des plantes, collection « Petit Point », Seuil, 1993.

Une leçon de nature, l'Esprit du temps, diffusion PUF, 1993.

Des légumes, Fayard, 1993.

Des fruits, Fayard, 1994.

Dieu de l'Univers, science et foi, Fayard, 1995.

Les Langages secrets de la nature, Fayard, 1996.

Jean-Marie Pelt

DE L'UNIVERS A L'ÊTRE

réflexions sur l'évolution

Fayard

Aux générations nouvelles,
afin qu'elles découvrent à leur tour
le sens et la cohérence de l'Univers.

A mon oncle Émile
à qui je dois d'avoir pu
écrire ce livre

Il y a un flux commun,
un souffle commun ; toutes
choses sont en sympathie.

HIPPOCRATE

Avertissement

Le présent ouvrage est destiné au grand public. Il prétend aborder dans un langage accessible le problème crucial des origines de l'Univers, de l'apparition de la vie et de l'esprit, plus traditionnellement circonscrit dans la notion d'évolution.

Depuis Jean-Baptiste Lamarck et Charles Darwin, la controverse sur l'évolution s'est poursuivie sans relâche. Dans un premier temps, c'est cette notion même qui fut mise en cause. Un siècle plus tard, hormis chez divers fondamentalismes religieux, celle-ci est considérée par la communauté scientifique unanime comme un fait acquis.

En revanche, il n'en va nullement de même des mécanismes mis en œuvre par l'évolution pour aboutir à l'extrême diversité des êtres vivants qui peuplent la planète, ce qu'on appelle la biodiversité. Sans doute n'a-t-on pas suffi-

samment distingué jusqu'ici ces deux notions : l'évolution en soi et les mécanismes qui la produisent, trop généralement confondus dans les disputes et polémiques qui entourent ces matières.

En ce qui concerne ces mécanismes, la théorie de la sélection naturelle, magistralement développée par Charles Darwin, n'a cessé de faire autorité depuis plus d'un siècle. Elle s'est enrichie tour à tour des apports plus récents de la biologie moléculaire et de la génétique des populations. De la sorte, sans doute trouverait-on aujourd'hui une majorité de scientifiques pour considérer que le débat sur l'évolution est clos et que le néodarwinisme résiste efficacement à toute contestation.

Je ne partage pas cette opinion et ne suis certes pas le seul dans ce cas. Trop de faits incontournables semblent en effet démentir le simplisme réducteur des intuitions darwiniennes. Comment expliquer, par exemple, par de simples mutations triées par la sélection naturelle, l'extrême complexité d'un organe comme l'œil ? Il n'est pas question de développer ici les multiples arguments qui prennent la théorie darwinienne en défaut. Bornons-nous pour l'instant à constater que plus on prend du recul, plus l'impression d'un vaste plan d'ensemble, d'une majestueuse construction bourgeonnante et pourtant co-

hérente s'impose à l'esprit. Sans nier la réalité peu contestable de la sélection naturelle qui explique pour une part — mais pour une part seulement — les mécanismes de l'évolution, il paraît évident que bien d'autres processus sont en jeu dans le déferlement de cette gigantesque onde de fond qui prend ses racines aux origines de l'univers pour aboutir aux plus belles œuvres du cerveau humain.

On ne prétend pas résoudre ici le problème des mécanismes de l'évolution. Ceux-ci demeurent encore, pour l'essentiel, un mystère. Ce mystère s'apparente d'une certaine manière au déploiement vertigineusement complexe qui conduit de l'embryon à l'homme adulte. Je me contenterai, dans ce bref essai, d'attirer l'attention sur la cohérence fondamentale d'un processus créateur qui va des origines de l'Univers (macrocosme) jusqu'à l'homme (microcosme). J'attirerai surtout l'attention sur le jeu constant et simultané de trois couples de concepts fort peu explicités à ce jour dans les ouvrages traitant de l'évolution : l'unité dans la diversité ; la coexistence, à tous les niveaux de complexité du réel, de la compétition et de la coopération ; enfin, la dialectique permanente, imposant des choix souvent restrictifs mais créateurs, de l'ordre et de la liberté.

Équipés de ces outils d'analyse, nous allons parcourir la prodigieuse trajectoire qui, de *l'Univers à l'homme, et de l'homme à Dieu — ou à l'idée qu'il s'en fait —, englobe d'un seul trait la matière, la vie et l'esprit.*

Maniant la métaphore et le langage analogique autant qu'il le faut, on surprendra peut-être le lecteur plus formé et attaché au raisonnement analytique et déductif. Mais rien ne prouve que le premier mode d'approche, plus traditionnel, soit moins fécond. Les anciens ont prouvé à loisir les services qu'il pouvait rendre dans l'élaboration de grandes synthèses.

Les quelques arguments nouveaux versés ici au débat sur les mécanismes de l'évolution auront au moins le mérite d'attirer l'attention sur l'extraordinaire cohérence des forces en jeu à tous les niveaux du réel. Joints à d'autres réflexions à paraître ultérieurement, ils prétendent contribuer à desserrer le carcan que la théorie de la sélection naturelle stricto sensu *impose au déploiement de la vie et à la réflexion sur la vie. Car celle-ci étonne plus par la logique souveraine de sa nécessité que par le hasard dont d'aucuns pensent qu'elle serait simplement le fruit. En fait, son ultime secret nous échappe encore, conviant les scientifiques à moins de certitudes et à plus d'humilité.*

CHAPITRE PREMIER

L'Univers

L'Univers s'est constitué par dilatation à partir du big-bang. Mais galaxies, étoiles et planètes résultent d'un phénomène inverse de condensation, voire de concrétion. Dès l'origine, le jeu simultané des forces centrifuges et centripètes est en place. (Discipline de référence : l'astrophysique.)

L'Univers est peuplé d'astres morts. Tous, pourtant, ont une histoire et celle-ci plonge ses racines dans le fameux big-bang, acte fondateur d'où procèdent le temps, l'espace, le cosmos.

La communauté scientifique s'accorde aujourd'hui à une bonne majorité, sinon à l'unanimité, pour considérer que le big-bang marque le point de départ de l'Univers connu. Que s'est-il passé avant, si tant est qu'il y ait eu un avant ? La question reste pour le moment hors du champ de la science. Nul ne saurait y répondre.

Au moment du big-bang, l'Univers entier est concentré dans un volume si restreint qu'il serait impossible de le distinguer avec le meilleur de nos microscopes. Sa masse, sa densité, sa température atteignent des valeurs inouïes ! A partir de l'explosion initiale s'enclenche un gigantesque mouvement d'expansion et de dilatation qui dure depuis 12, voire 15 milliards d'années. L'Univers s'étend en même temps qu'il se refroidit. Mais la répartition de la matière en son sein n'est pas homogène : ici et là, de gigantesques nuages de gaz s'organisent en galaxies et, en leur sein, d'autres nuages plus petits se concentrent, s'affaissent, s'effondrent sur eux-mêmes sous l'effet de la gravité, pour former les étoiles ; leur masse croît et leur température augmente jusqu'à dépasser, pour ces dernières, plusieurs millions de degrés.

Bref, le mouvement d'expansion généralisé s'accompagne de phénomènes localisés de condensation, de contraction. Expansion/contraction, mouvements centrifuges et centripètes : telle est l'une des lois dialectiques de l'Univers.

Puis commence au sein des étoiles la condensation des atomes d'hydrogène, qui se rassemblent pour produire de l'hélium.

L'étoile devient alors une sorte d'énorme bombe à hydrogène à l'intérieur de laquelle les atomes se transforment. Elle produira pendant des milliards d'années cette énergie de fusion que l'homme rêve un jour de domestiquer. Cette fusion dégage une formidable chaleur, dont une partie se dissipe dans l'environnement stellaire et une autre alimente les réactions nucléaires internes à l'astre. Ainsi s'établit un équilibre entre la production de l'énergie au cœur de l'étoile et sa dissipation en surface.

Comme tous les équilibres du cosmos, comme tous les équilibres de la vie ou de la société, celui-ci évolue. De sorte que la température interne des étoiles, ou tout au moins de certaines d'entre elles, augmente en même temps que s'y amorcent de nouvelles réactions de fusion. C'est ainsi que les étoiles sont littéralement le four à incandescence, le creuset où s'élaborent les atomes des corps simples, au nombre de 92 : ceux-là mêmes que nous enseigne la chimie. Chaque atome est formé de particules : électrons, protons, neutrons[1], qui, en s'agençant en

---

1. En fait, le distinguo entre proton, neutron, électron est aujourd'hui dépassé. Les physiciens, grâce à leurs accélérateurs de particules géants, ont mis en évidence douze sortes de particules élémentaires : les quarks et les leptons — dont l'électron fait partie — qui constituent, en s'agençant, les protons et les neutrons.

nombre de plus en plus élevé, produisent la vaste gamme de ces 92 atomes ou éléments dont chacun possède des caractéristiques et propriétés particulières. *Ainsi, par addition de particules élémentaires, naissent des entités nouvelles, totalement originales, tant il est vrai que le tout est toujours plus que la somme des parties.* Ces atomes formés dans les étoiles constituent tout aussi bien les mondes inanimés que, sur notre planète, le monde de la vie et jusqu'à notre propre corps. Ainsi sommes-nous composés de poussières d'étoiles[1] !

Lorsqu'elles ont consommé tout leur combustible nucléaire, les étoiles meurent : elles explosent et disséminent dans l'espace interstellaire leur contenu, les atomes qu'elles ont engendrés et couvés en leur sein. Ainsi se forment des nuages interstellaires, qui, originaires d'étoiles différentes, se mélangent ; à partir de ceux-ci se forment, toujours selon le même processus, de nouvelles étoiles. Naissance et mort des étoiles, des espèces vivantes, des individus humains : dès l'origine, le cosmos se révèle à nous dans tous ses éléments comme une entité en continuelle transformation et en perpétuel devenir.

---

1. Hubert Reeves, *Poussières d'étoiles*, édition illustrée, Seuil, 1984.

De l'hydrogène à l'uranium, les atomes constituent en quelque sorte les « briques » de la matière, montrant, par analogie avec ce qu'on nomme « biodiversité » dans le monde du vivant, ce qu'on pourrait appeler ici une authentique « chimiodiversité ». Ainsi la matière, à partir de ses particules les plus élémentaires, se complexifie-t-elle dès l'origine pour nous apparaître sous l'aspect de ce kaléidoscope de caractères et de propriétés diverses que sont les 92 atomes.

Si l'on s'accorde à faire remonter le big-bang à 12, voire à 15 milliards d'années, notre étoile, le Soleil, n'en compte, lui, que 4,55 milliards. Il n'est qu'une étoile moyenne, située loin du centre de la Voie lactée, notre galaxie, qui en contient sans doute, à elle seule, plus de 200 milliards. Bref, il s'agit d'une étoile parfaitement banale, comme il en existe dans l'Univers des milliards de milliards de milliards d'autres.

Quant aux planètes qui gravitent autour de lui, dont on ne sait toujours pas avec certitude si d'autres étoiles en possèdent également — ce que l'on croit néanmoins[1] —, elles se sont constituées par lente agrégation

1. Selon des informations remontant à 1994, on aurait découvert trois planètes autour d'une étoile (pulsar) située à 1 200 années-lumière, dans la constellation de la Vierge. Information à accueillir encore avec précautions.

de poussières du nuage interstellaire initial ; ces poussières, à force de s'entrechoquer par l'effet des forces gravitationnelles, ont fini par donner des gravillons, puis des graviers, puis des pierres, puis des rochers de tailles de plus en plus grosses. En définitive, ce processus d'agglomération, a engendré les planètes. Il a sans doute fallu une centaine de millions d'années pour que la Terre voie le jour du fait de ce long processus qui a amalgamé et condensé entre eux d'innombrables « planétésimals », comme on nomme aujourd'hui les éléments constitutifs de cette grande bataille de boules de neige.

Mais ce mécanisme d'accrétion engendré par les forces de gravitation peut ne pas arriver à terme. Il apparaît qu'il a échoué au moins une fois : il manque en effet à notre système solaire, dont les planètes sont si harmonieusement distribuées autour de notre étoile, une planète entre Mars et Jupiter, remplacée par une ceinture d'astéroïdes ; cette planète ratée semble avoir échoué dans son processus d'accrétion et forme, à 500 millions de kilomètres autour du Soleil, une ceinture de graviers, de cailloux, de pierres, de rochers et de montagnes dont certaines atteignent les dimensions de véritables petites planètes. Cérès, le plus grand de ces astéroïdes, a déjà la forme ronde des planètes, avec un diamètre de près de 1 000 kilomètres. Une véritable planète miniature, en somme, mais qui n'a pas réussi à « pousser », à mener jusqu'à son terme le processus d'accrétion. Bref, quand joue ce qu'on pourrait appeler le « phénomène d'additivité » résultant d'une condensation de la matière, on obtient des planètes ; quand il ne joue pas, on en reste aux cailloux petits ou gros. Ce même phénomène, lorsqu'il se manifeste au niveau des particules élémentaires, donne, on l'a vu, les atomes ; à défaut, les particules resteraient perpétuellement isolées, identiques à elles-mêmes, et il ne se créerait rien.

Comment ne pas voir dans le violent processus de l'accrétion, où les éléments constitutifs des planètes se heurtent à des vitesses et avec une brutalité de plus en plus grandes en fonction de leur taille — les forces gravitationnelles sont proportionnelles à la masse —, les premières manifestations, à l'œuvre dans les éléments les plus obscurs de la matière, de ces multiples forces d'attraction qui, *mutatis mutandis*, régissent le monde de la vie — notamment avec la sexualité —, voire celui de l'esprit, y suscitant ces emballements amoureux, ces adhésions à de nouvelles idées, voire ces conversions si fréquentes dans la vie spirituelle ?

Au cours du processus d'accrétion, les éléments se jettent les uns sur les autres : ils s'interpénètrent, puis fusionnent... comme les cellules sexuelles. *Métaphore suggestive ! Et si l'attraction est bien un phénomène universel repérable à tous les niveaux de complexité de la matière, de la vie et de l'esprit, elle est constamment et simultanément « équilibrée » par de nombreux phénomènes inverses de répulsion : le plus puissant étant celui qui continue à éloigner les unes des autres toutes les galaxies de l'Univers.*

Comme les atomes, les planètes et leurs satellites nous révèlent une surprenante diversité. Astronomes et planétologues ont été stupéfaits des informations rapportées par les satellites d'observation Voyager I et II, lancés vers toutes les planètes du système solaire, à l'exclusion de Pluton, et vers leurs satellites. Ils ont dû en effet convenir des extrêmes différences de structure et de fonctionnement existant entre tous les corps célestes gravitant autour du Soleil, dont le ballet exhorte à une contemplation silencieuse et émerveillée. Certains, comme Vénus, sont pourvus d'une atmosphère dense et irrespirable, qui manque totalement à la plupart des autres. D'autres, comme Io, le plus proche satellite de Jupiter, possèdent une activité volcanique d'une extrême intensité, laquelle fait complètement défaut au plus grand nombre des planètes et satellites, mais certes pas à la Terre. Bref, chaque planète, chaque satellite est en soi un microcosme fortement « personnalisé », spécifié. *Après la chimiodiversité des atomes, voici la « cosmodiversité »* ! Pourtant, tous sont engagés dans un système cohérent : tous gravitent autour du Soleil (ou, s'il s'agit de satellites, de leur planète), et forment ainsi un *système*, le système solaire. Et celui-ci gravite lui-même autour du centre de notre galaxie, la Voie lactée, parcourant ce trajet en 250 millions d'années.

Cohérence, spécificité, unité d'un système dont les éléments sont néanmoins d'une extrême diversité : voilà que se dessine déjà, dans les lois de la matière qui précéda de si loin l'éclosion — sans doute unique — de la vie sur notre planète, le principe de *l'unité dans la diversité* qui caractérise si fortement le monde vivant, et plus encore le genre humain. Bien qu'appartenant tous à la même espèce, chacun de nous n'est-il pas différent, « personnalisé » ? Bref, tout se passe comme si, en deçà de ce que Teilhard de Chardin appelait le seuil, le « pas de la vie », les grandes forces qui la génèrent et l'animent étaient déjà en place au cœur de la matière dont l'organisation annonce et préfigure la vie.

Création par attraction et addition d'éléments, pour les atomes comme pour les planètes ; unité dans la diversité, pour la matière comme pour le système solaire : voilà deux lois qu'il convient d'ores et déjà de bien mémoriser. Nous les retrouverons tout au long de notre périple, du big-bang au triomphe de l'esprit humain.

CHAPITRE 2

La Terre juvénile

La Terre, après des débuts agités, fut d'abord recouverte d'un vaste océan d'où émergèrent plus tard les continents. Ceux-ci, selon les ères géologiques, se soudent ou se dispersent, tandis que les océans progressent ou régressent. Ces mouvements en accordéon expriment au niveau de la planète la bipolarité des forces qui animent la matière. (Disciplines de référence : géologie, géophysique.)

Il y a 4,44 milliards d'années, la Terre finit de se former ; elle n'est encore qu'un conglomérat hétérogène de « planétésimals » qu'elle va bientôt homogénéiser et redistribuer en son sein. Un vent solaire puissant — car le jeune Soleil vient de s'allumer — en évacue vers Jupiter les éléments les plus légers : hydrogène et hélium. Mais une fraction importante d'éléments volatils a été enfouie lors de l'accrétion des planétésimals dans le ventre de la Terre : hydrogène, hélium, mais aussi vapeur d'eau, gaz carbonique, qui seront éructés par l'activité volcanique tumultueuse des premiers temps. Ainsi formeront-ils une deuxième atmosphère. Ce dégazage par les volcans s'est effectué avec une intensité inimaginable aujourd'hui. L'Islande, avec ses geysers et ses cratères, nous donne une vague et faible idée de cette « Terre juvénile ».

Puis, avec le refroidissement de la surface terrestre et la condensation de la vapeur d'eau, des pluies intenses contribuent à former des océans, ou plutôt l'océan planétaire, car il n'y a point de continent à l'origine, tout au plus des îles volcaniques. Cette eau primitive, qui reste à l'état liquide du fait de la forte pression atmosphérique, est bombardée par la chute d'énormes météorites dont les débris engendrent de nouvelles îles. Dans l'atmosphère dense de ces temps primordiaux, beaucoup de gaz carbonique, mais aussi de l'azote, de l'eau, des traces de méthane et d'ammoniac. Ni oxygène ni ozone. Le gaz carbonique, piégeant le rayonnement solaire par « effet de serre », maintient dès l'origine une température torride en surface. Ce processus est encore à l'œuvre sur Vénus, où la température au sol dépasse 450 °C. Les océans ne purent donc se former sur la Terre qu'après refroidissement suffisant. Celui-ci se produisit par l'élimination rapide du gaz carbonique, « digéré » en quelque sorte par le calcium (il se combine à l'oxyde de calcium pour former du calcaire). Le gaz carbonique de l'atmosphère s'y trouve donc piégé, sa teneur décroît, la température baisse, l'eau continue à se condenser, le volume de l'océan s'accroît, tandis que les calcaires se déposent au fond des mers.

Après l'ère de l'astrophysique débute alors celle de la géologie.

200 millions d'années après les origines du globe, les continents commencent à se former ; jusque-là, les éléments de la croûte terrestre qui avaient tendance à s'agglomérer, formant les premières ébauches de continents, étaient aussitôt volatilisés par les impacts de planétésimals ou digérés par l'activité volcanique extrêmement intense aux origines. Mais, peu à peu, la Terre s'apaise.

A partir de là, tout va aller très vite... enfin, si l'on peut dire !

On retiendra de la formation des continents et de leur histoire deux traits suggestifs révélés par de récentes recherches géologiques que rapporte Claude Allègre[1].

---

1. Claude Allègre, *Introduction à une Histoire naturelle, du big-bang à l'apparition de l'homme*, Fayard, 1992.

Le premier est la constitution des continents par la confluence d'éléments séparés s'agglomérant les uns aux autres au gré d'un processus qui représente une autre forme d'accrétion. Lorsqu'on détermine comparativement l'âge des différents points d'un même continent, on voit que celui-ci est fait d'une sorte de patchwork analogue à un habit d'Arlequin, composé de provinces qui se sont soudées les unes aux autres. Dans le cas du continent américain, on constate même qu'il se serait accru par adjonctions successives de provinces périphériques : « C'est en somme l'accroissement de l'empire par ses marges. » Néanmoins, un tel processus centripète n'a pas pu être démontré pour les autres continents où la chronologie, comme le souligne Claude Allègre, est en quelque sorte « brouillée ».

Quant aux matériaux qui forment la chair, le corps, la substance des continents, ils proviennent du manteau de la Terre et ont été ramenés en surface par le volcanisme. Les chapelets d'îles volcaniques qui s'égrènent en guirlandes le long de l'Asie du Sud-Est délimitent des mers intérieures et amènent à la surface des quantités considérables de matériaux. Ceux-ci seront un jour compressés contre l'Asie. Bientôt, une nouvelle pièce de notre habit d'Arlequin viendra accroître la surface du continent asiatique.

Comment expliquer que la surface globale des continents n'ait pratiquement pas changé depuis des milliards d'années alors que se forment sans cesse, par volcanisme, de nouvelles pièces du patchwork ? Cela tient au fait que ces pièces, lorsqu'elles viennent heurter d'autres provinces continentales, produisent des plissements avec contraction de la surface totale, comme c'est le cas d'une voiture heurtée par un autre véhicule et dont la surface se plisse, se ride et se contracte. Ainsi surgissent les chaînes de montagnes qui, soumises ensuite à l'érosion, renverront leurs matériaux continentaux vers le fond des mers et, de là, vers le manteau terrestre par le phénomène de subduction grâce auquel les plaques continentales glissent les unes sous les autres, réinjectant de la matière dans la masse compacte du manteau.

Bref, les forces de construction (érection) et de destruction (érosion) sont ici continuellement à l'œuvre. Elles modèlent et remodèlent sans cesse, au fil de centaines de millions d'années, le faciès de la Terre. Les mouvements de condensation, d'« additivité », sont équilibrés par des forces de signe contraire qui remettent sans cesse en jeu les constructions continentales élaborées par la convergence des matériaux issus du manteau terrestre.

Un second phénomène illustre de manière spectaculaire et même troublante ces mouvements de va-et-vient. Pour autant qu'on puisse le déduire des documents étudiés jusqu'ici, il semblerait qu'il existait, vers – 600 millions d'années, au début du Carbonifère, un seul et unique continent renfermant toute la masse continentale de la planète. Ce continent, l'Archéopangée, se serait peu à peu fragmenté au cours de l'ère primaire. Puis le mouvement se serait inversé et les blocs continentaux séparés se seraient à nouveau progressivement rassemblés pour reformer un nouveau continent unique : la Pangée. Ce continent, l'ère secondaire le démantèlera à son tour pour aboutir à la configuration actuelle. C'est peut-être à nouveau un continent unique qui, aujourd'hui, s'esquisse à travers les mouvements perceptibles de ce qu'on appelle la *dérive des continents*. Car les continents dérivent par glissements sur les plaques sous-jacentes, conformément à la théorie de la « tectonique des plaques » décrite par Wegener au début de ce siècle.

Cette sorte de « pulsation », perceptible dans les mouvements successifs de condensation puis de séparation des continents, n'est sans doute que la partie visible de l'iceberg... Les causes de ces mouvements sont à rechercher dans ce que Claude Allègre a pu appeler la « climatologie et la météorologie du manteau, avec ses incertitudes et ses crises, mais aussi ses rythmes et ses pseudopériodes ».

Voici donc une Terre qui, dès l'origine, est en continuel mouvement : tout le contraire d'un de ces astres morts dont la Lune, dans son immobilité, nous donne l'image. Ces mouvements s'analysent, pour l'essentiel, comme des phénomènes d'accrétion et de répulsion. L'accrétion produit et agglomère une masse de matériaux et conduit à l'élaboration des continents ; la répulsion produit au contraire leur dislocation, voire, sur des temps géologiques plus longs, leur destruction par retour des matériaux constituant les continents vers le manteau terrestre. *Bref, le jeu universel des forces centripètes et centrifuges se manifeste obscurément dans le ventre et sur la peau d'une planète dont Lovelock, dans son* Hypothèse Gaïa, *a fait une sorte de superorganisme vivant*[1].

Accrétion des planètes, addition des provinces continentales pour former les continents : des processus d'additivité engendrent dans les deux cas des entités nouvelles que les forces d'érosion et de dislocation remodèleront à leur tour. Mais ces processus, qui

1. J.E. Lovelock, *La Terre est un être vivant, l'hypothèse Gaïa*, Rocher, 1989.

alternent leurs effets à la surface de la Terre, ne sont pas éternels. Si l'on sait que le Soleil est mortel, comme toutes les étoiles — sa mort interviendra dans 5 milliards d'années —, l'on sait aussi qu'il entraînera dans sa mort notre planète, vraisemblablement soufflée par son explosion ultime lorsqu'il expirera dans l'espace la matière élaborée en son sein durant près de dix milliards d'années et qui contribuera alors à engendrer d'autres étoiles.

Voici donc qu'apparaît déjà, comme une préfiguration de ce que sera plus tard le vivant, le jeu de la vie et de la mort : vie et mort du Soleil, vie et mort des planètes, mais aussi vie et mort des continents. Car nos continents actuels, comme l'atteste l'âge de leurs roches, sont des produits de substitution de la première génération de continents, entièrement détruite, disparue et redissoute dans le manteau terrestre. On pourrait dire de nos continents actuels qu'ils sont de la « deuxième génération », pour reprendre une expression qui évoque elle aussi précisément les phénomènes vivants. Bref, les continents meurent aussi !

Notons enfin que les « pulsions », les mouvements en accordéon des continents s'accompagnent de mouvements analogues des mers, dont les géologues ont décrit avec soin les régressions et progressions successives. Ainsi ont-ils mis en évidence un double va-et-vient océanique, avec une première avancée culminant au début de l'ère primaire, suivie d'un long retrait, puis d'une nouvelle invasion culminant il y a 70 millions d'années, suivie à nouveau d'un retrait généralisé.

Le jeu des grands mouvements géopolitiques contemporains, affectant ici des populations humaines plus que les continents qui les portent, donne une assez bonne idée — quoique très accélérée — de ces mouvements d'accrétion et de dislocation des continents. Ainsi voit-on par exemple l'Europe chercher son unité par adhésion de ses pays membres à un projet commun ; à l'inverse, des pays comme l'ex-Yougoslavie ou l'ex-Union soviétique se disloquent et s'émiettent. Que les deux mouvements contraires d'additivité et de dislocation puissent se développer en même temps, et dans des zones somme toute assez proches, nous permet de comprendre, par analogie, toute la complexité des phénomènes géologiques. Leur difficile décodage tient à ce que des mouvements contradictoires ont pu se développer simultanément en diverses régions du globe, rendant particulièrement malaisée l'analyse historique détaillée de la formation des continents.

L'histoire de la matière annonce déjà des phénomènes que nous retrouverons dans le monde vivant : vie et mort des étoiles, des planètes, des continents ; jeu simultané des forces d'attraction et de répulsion, centripètes et centrifuges. Parmi ces forces, seules les premières se révèlent encore créatrices ; elles génèrent, par additivité d'éléments séparés ou disparates, des entités nouvelles : atomes, étoiles, planètes, continents.

Mais, lorsqu'il s'agit des continents, les mouvements qui les repoussent et les séparent deviennent à leur tour créateurs. C'est que les continents se peuplèrent, il y a 400 millions d'années, de végétaux, puis, 50 millions d'années plus tard, d'animaux issus les uns et les autres des océans. L'évolution biologique, déjà longuement amorcée dans la mer, se poursuivit sur les sols exondés. Lorsque la Pangée se disloqua, cette évolution continua, mais sur des aires désormais isolées les unes des autres ; animaux et végétaux évoluèrent alors séparément et de façon divergente. L'océan, infranchissable pour les êtres adaptés à la vie terrestre, devint une barrière géographique, mais aussi sexuelle, aucune rencontre fertile n'étant possible entre les êtres peuplant des masses continentales séparées. De surcroît, la vigueur de la compétition biologique s'affaiblit dans les îles et les isolats ainsi constitués, animaux et végétaux ne s'y trouvant plus exposés à la concurrence de vastes populations riches en dangereux compétiteurs. Bref, sur chaque morceau de continent isolé, chacun s'installe et évolue pour son propre compte, protégé d'une trop forte concurrence ; d'où les populations si particulières et si typées des Galapagos ou des Canaries, par exemple. D'où aussi des familles, comme celles des cactus ou de l'ananas, exclusivement représentées sur le continent américain et totalement absentes de l'Ancien Monde — jusqu'à ce que l'intervention humaine les dissémine partout — dans la mesure où elles se sont différenciées après la dislocation de la Pangée. D'où encore la répartition strictement circonscrite des populations marsupiales...

Cette courte digression, anticipant déjà sur les lois du monde du vivant, montre qu'un isolement peut constituer un point de départ fécond pour une nouvelle poussée évolutive aboutissant à un niveau de biodiversité accrue. La perte d'homogénéité et la dislocation de la Pangée créèrent des conditions favorables à l'éclosion de nouvelles formes de vie. C'est que, comme nous le verrons, l'évolution ne progresse pas seulement par simple addition d'éléments et de structures. Interviennent d'autres processus, souvent paradoxaux, par lesquels la vie semble étaler de multiples contradictions dont nous nous apercevrons qu'elles ne sont qu'apparentes. Mais il convient de faire au préalable un long retour en arrière pour tenter de saisir, sur une Terre encore jeune, les premiers balbutiements de la vie. Et passer ainsi de la géologie à la biologie.

CHAPITRE 3

La naissance de la vie

La vie commence dans l'atmosphère primitive de la Terre et/ou dans les profondeurs des océans. L'on voit les molécules se former, s'agencer, s'ordonner, se complexifier par une sorte de condensation, d'« amour moléculaire », tandis que les forces de sélection trient les premiers êtres, ne conservant que les mieux adaptés : coopération moléculaire au sein des premiers vivants et sélection s'opposent et coagissent dès l'origine. (Discipline de référence : biologie moléculaire.)

La Terre a déjà un milliard d'années, peut-être un peu moins. Son atmosphère ne ressemble en rien à celle que nous lui connaissons aujourd'hui : grise, dense, elle est constituée pour l'essentiel, on l'a vu, de gaz carbonique, de méthane, d'ammoniac et de vapeur d'eau. Bref, une atmosphère qui ne mérite pas ce nom, puisqu'elle est parfaitement irrespirable, asphyxique : plutôt une « asphoxphère » qu'une atmosphère ! Il n'y a encore, il est vrai, aucun être vivant susceptible de respirer à la surface du globe.

Cette atmosphère est zébrée par des éclairs, soumise à l'intense radioactivité des roches, bombarbée par le rayonnement ultraviolet du Soleil qu'aucune couche d'ozone ne filtre encore.

Les apports énergétiques dus à ces phénomènes naturels y déclenchent des réactions chimiques à l'issue desquelles on relève notamment la formation d'acide cyanhydrique et de formol ; puis ces molécules se transforment à leur tour en acides aminés et en sucres. Toutes ces substances sont entraînées par les pluies vers l'océan, au sein duquel d'autres synthèses se poursuivent.

Comment, dira-t-on, peut-on connaître de la sorte l'activité chimique de la Terre à des époques si reculées ? Tout simplement en reconstituant artificiellement en laboratoire ces conditions supposées — telles qu'on les rencontre aujourd'hui encore sur d'autres planètes — et en soumettant à diverses sources d'énergie cette atmosphère reconstituée : on retrouve alors dans les ballons d'expérience ces molécules qui sont les molécules même de la vie. Tel est le résultat indiscutable des expériences menées dès 1953 par Miller aux États-Unis, puis confirmées par d'autres chercheurs sur des hypothèses que formulait déjà le Soviétique Oparine en 1924.

Se forme ainsi dans les mers une « soupe chaude », pour reprendre la terminologie du célèbre biologiste anglais Haldane, sorte de bouillon de molécules élaborées dans l'atmosphère primitive et recueillies dans les océans. Dans l'eau, ces molécules interagissent, s'agencent les unes aux autres, formant des molécules de plus en plus grosses, de plus en plus complexes, un peu comme un train s'allonge par additions successives de wagons, ou comme on enfile des perles pour confectionner un collier. Ainsi sont obtenus, par enchaînements d'acides aminés, les peptides et les protéines, et, par enchaînements de molécules de sucres simples, les sucres complexes, si nombreux dans les matériaux biochimiques de la vie. *Ces molécules, se combinant les unes aux autres, illustrent à nouveau le phénomène d'additivité déjà évoqué pour les atomes, les planètes et les continents*. Une fois encore, ce principe est créatif : prennent naissance des molécules lourdes et complexes aux propriétés différentes de celles des molécules de base qui les ont produites en se combinant. Puis, les grosses molécules prennent la forme de microgoutelettes : les microsphères, également obtenues en laboratoire par le biologiste américain Fox. Celles-ci gonflent en absorbant de petites molécules, telles que glucose et acides aminés, puis éclatent en unités plus modestes, préfigurant ainsi ce que seront plus tard la nutrition (gonflement) et la division cellulaire (éclatement). Telle est du moins l'une des hypothèses que l'on peut formuler sur la formation des toutes premières formes vivantes. Il en existe d'autres. Signalons sans attendre que l'une d'elles situe la naissance de la vie au fond des mers, à proximité des sources thermales sous-marines où l'énergie provient directement de la chaleur du manteau. Ces hypothèses ne sont d'ailleurs pas exclusives l'une de l'autre.

On ignore si les premières microsphères contenaient déjà ou non des filaments d'ADN susceptibles d'assurer leur division de telle manière que les deux cellules filles possédassent le même patrimoine héréditaire, donc la même structure et les mêmes fonctions que la cellule mère. Ce point reste obscur. Certains, tel l'Allemand Reichholf[1], voient l'origine réelle de la vie dans l'addition, survenue un jour, de brins d'ADN flottant dans l'océan primitif, tels des virus uni-

---

1. Joseph Reichholf, *L'Émancipation de la vie*, Flammarion, 1993.

quement capables de proliférer et de prospérer, s'ils trouvent dans une cellule la matière première alimentaire nécessaire à leur division, et de microsphères constituant précisément l'ébauche de ce corps cellulaire. Dès lors, les éléments fondamentaux de la vie sont assemblés : le corps cellulaire, chargé du bon fonctionnement des métabolismes et l'ADN, indispensable à sa duplication. La cellule et son génome une fois rassemblés en un organisme unique, la vie serait bel et bien enclenchée à l'issue d'un processus de symbiose procédant par addition d'éléments jusque-là isolés et engendrant les plus ancestrales des bactéries — du moins si cette hypothèse est définitivement retenue, ce qui reste pour l'instant problématique.

La trace des organismes les plus anciens remonte à – 3,5 milliards d'années, comme on le voit sur des roches du Swaziland, en Afrique du Sud. Ces premiers organismes se nourrirent sans doute de la soupe primitive, qui, peu à peu, s'appauvrit en nutriments par surconsommation. C'est alors que la vie, menacée de pénurie, réussit un grand coup. Certains organismes captèrent dans le milieu une molécule verte, la chlorophylle, et, grâce à elle, réussirent à synthétiser eux-mêmes leur nourriture — des sucres — à partir de l'eau et du gaz carbonique dissous dans l'océan. Ils utilisèrent pour ce faire l'énergie des rayons solaires : la photosynthèse était en marche. Commence alors l'ère des bactéries et des algues bleues[1], les premières dépourvues de chlorophylle, les secondes chlorophylliennes.

L'intégration de la chlorophylle dans les premières cellules semble remonter à – 3 milliards d'années. Pendant plus de 2 milliards d'années, les algues bleues, encore très primitives, se contentèrent de fixer du calcaire et de former des concrétions, des bancs au fond des mers et sur les littoraux, que l'on nomme « biscuits » en Australie du Sud, ou plus savamment « stromatolites ». De telles concrétions calcaires continuent d'ailleurs à s'élaborer de nos jours, manifestant la pérennité du monde des bactéries et des algues bleues.

Ainsi, au phénomène de répétitivité, constamment évoqué par les biologistes comme l'une des caractéristiques essentielles des êtres vivants qui se reproduisent semblables à eux-mêmes, de génération en génération, par scissiparité ou reproduction sexuée, s'ajoute un phénomène d'additivité que nous voyons ici à l'œuvre dans le passage de molécules simples à des molécules complexes, et probablement dans le passage des microsphères à la cellule, par agrégation d'ADN à

1. Ou cyanobactéries.

ces microsphères, un peu à la manière d'une amibe phagocytant une bactérie (encore que, dans ce dernier exemple, l'addition finisse par une soustraction : la disparition de l'un des partenaires). *En fait, l'additivité durable dans le monde de la matière, la symbiose réussie dans celui de la vie, ne sont souvent que la résultante d'une agression ratée, puis régulée. Nous reviendrons sur ce point.*

Ce phénomène de croissance et de développement par additivité, déjà à l'œuvre dans le monde inanimé, n'y génère pas seulement les atomes ou les planètes, mais encore les cristaux, si proches des virus, dont les éléments s'agencent harmonieusement, répétant une figure de base reproduite à l'infini. Nous allons voir qu'il est aussi à l'œuvre dans l'ensemble du monde vivant, où il se manifeste de la plus humble cellule au plus complexe des édifices animaux et végétaux, et davantage encore aux communautés qu'ils forment entre eux et auxquelles il donne leur cohérence : les écosystèmes analysés par l'écologie. Laissés dans l'ombre au profit des seuls mécanismes de la sélection naturelle, qui insistent sur l'élimination constante du moins fort, du moins apte ou du moins fécond — ce qui est d'ailleurs indiscutable —, les phénomènes d'additivité et de symbiose, éminemment constructeurs, ont jusqu'à présent attiré trop peu l'attention des biologistes. C'est pourtant par la mise en œuvre continue de ces mécanismes que s'élaborent et se structurent les organisations complexes, lesquelles, lorsqu'elles atteignent précisément un certain niveau de complexité, deviennent le siège de propriétés nouvelles et émergentes, ainsi que l'avait si bien pressenti Teilhard de Chardin[1].

Ainsi sommes-nous amenés à constater la coexistence apparemment contradictoire — mais, en réalité, parfaitement complémentaire —, d'un phénomène constant de complexification, qui n'est rendu possible que par l'addition et la symbiose entre éléments préexistants, et d'un phénomène de tri et d'élimination, de sélection naturelle, sur lequel Darwin a eu raison d'insister. Le premier de ces mouvements est générateur de formes, de structures, d'entités toujours nouvelles et de plus en plus complexes ; on y voit s'esquisser, à toutes les étapes décisives de la vie — celles justement que nous parcourons ici — des symbioses qui engendrent de véritables créations. Par quels mécanismes, sous l'effet de quelle poussée intérieure ? C'est là le secret profond de la vie, que nul n'a jamais expliqué jusqu'ici. La science aussi a ses limites.

---

1. Pierre Teilhard de Chardin, *Le Phénomène humain*, Seuil, 1955.

CHAPITRE 4

L'invention de la cellule

En organisant la symbiose de quelques filaments d'ADN et d'une microgoutte de cytoplasme d'abord, puis d'une bactérie à forte potentialité énergétique et d'un être minuscule contenant de la chlorophylle, capable d'effectuer la photosynthèse, la vie « invente » la cellule végétale au sein de l'océan primitif. Une symbiose qui se révélera profondément créatrice, puisqu'en découleront tous les végétaux et tous les animaux. (Discipline de référence : biologie cellulaire.)

Les premières cellules vivantes sont minuscules et incomplètes. Selon qu'elles possèdent ou non de la chlorophylle, elles appartiennent au monde des bactéries ou à celui des algues bleues. Mais elles ne renferment jamais de noyau contenant le matériel génétique héréditaire : celui-ci est diffus, réparti dans le cytoplasme ; ce ne sont donc pas de véritables cellules au sens classique du terme. Il faut attendre encore deux milliards d'années pour que la première cellule complète voie le jour, toujours par un mécanisme de symbiose et d'additivité.

Mais, avant d'en arriver là, une question se pose : pourquoi la vie n'en est-elle pas restée au stade de la bactérie et de l'algue bleue sans noyau ? Celles-ci possédaient et possèdent toujours une multitude de potentialités métaboliques aboutissant aux synthèses les plus variées. Ces êtres primitifs sont véritablement capables de tout — sur le plan des performances biochimiques, s'entend ! Ils vivent partout, s'adaptent à tout, résistent à tout. Et que dire des virus, plus simples encore, qui commencent à faire peser sur l'avenir de l'humanité de lourdes hypothèques ? Aussi est-on en droit de s'interroger : pourquoi l'évolution a-t-elle, à compter de ce stade, continué à franchir toutes les étapes suivantes, tout en respectant néanmoins non seulement l'existence, mais le véritable *imperium* qu'exercent virus et bactéries jusque dans notre monde actuel, dont témoigne leur capacité croissante de résister aux antibiotiques ? Serait-ce qu'il y aurait, parallèlement à la loi du plus fort, en quelque sorte une loi du plus faible, ou plutôt du plus petit, dont l'union seule ferait la force ? C'est bel et bien de telles attaques, de telles proliférations bactériennes ou virales que découlent d'innombrables processus, dont, en premier lieu, les maladies ainsi qualifiées. Mais ces êtres peuvent aussi survivre hors de l'abri douillet du corps qu'ils infestent.

Quand elles sont nombreuses, bactéries ou algues bleues sont fortes. Pour la vie infiniment dynamique et polymorphe, elles forment en quelque sorte un substrat stable, un socle sur lequel se sont élaborées les structures des êtres supérieurs. Elles sont capables de résister à des conditions que ne supporteraient jamais ces derniers et auxquelles jamais les hommes eux-mêmes ne sauraient s'adapter. Une grande catastrophe nucléaire laisserait d'innombrables bactéries intactes ou mutantes, alors qu'elle nous emporterait. Car l'homme est plus fragile que la nature, plus fragile que la vie. L'écologiste devra s'en souvenir : s'il nous appartient certes de protéger la nature, n'oublions jamais qu'il convient aussi de protéger la vie, surtout la vie humaine, épiphénomène récent et peut-être passager à la surface de la planète.

Une cellule complète est infiniment plus complexe qu'une bactérie. Outre le noyau déjà mentionné, elle contient deux types d'organites essentiels à son fonctionnement : les mitochondries, qui sont en quelque sorte les centrales énergétiques de la cellule, et — mais seulement dans les cellules végétales — les chloroplastes, où s'effectue la photosynthèse. Or, il n'existe aucun type intermédiaire connu entre les cellules dites procaryotes, du type des bactéries et des algues bleues, et la cellule complète, dite eucaryote. Bien plus, lorsqu'on examine les structures internes des mitochondries et des chloroplastes, on s'aperçoit qu'elles correspondent exactement à celles de protocaryotes. Elles contiennent même un ADN différent de l'ADN du noyau et qui signe en quelque sorte leur lointaine origine. Bref, tout se passe comme si le seul moyen d'interpréter la genèse de la cellule complète était de faire appel à une symbiose au cours de laquelle mitochondries et chloroplastes auraient été annexés par une sorte de mégabactérie qui aurait transgressé l'une des règles du monde bactérien régissant la taille des individus et les maintenant dans leur état d'extrême petitesse. Telle est du moins la thèse, aujourd'hui communément admise, de Lynn Margulis [1].

La mitochondrie, comme le chloroplaste, se serait insérée dans le gros corps cellulaire, peut-être avec des intentions compétitives ou prédatrices, comme on le voit dans le cas de bactéries agressant un organisme.

---

1. *Symbiosis in Cell Evolution. Life and its Environment or the Early Earth*, W. H. Freeman, San Francisco, 1981.

Encore qu'on puisse imaginer des stades intermédiaires où les agents pathogènes sont tenus en échec par leur hôte tout en restant vivants en leur sein. On peut même imaginer un scénario dans lequel la confrontation compétitive des organismes serait la conséquence d'un appauvrissement de la soupe primitive en nutriments, entraînant la mise en œuvre d'une autre loi fondamentale de la vie : celle qui consiste à se manger les uns les autres, faute de nourriture minérale extérieure. Les algues bleues, mères des chloroplastes, et les bactéries, mères des mitochondries, auraient ainsi affronté les toutes premières cellules, résultant elles-mêmes du grossissement de cellules bactériennes ; un jour, l'une de ces confrontations aurait abouti à un équilibre des forces, puis à une coopération entre les belligérants, caractéristique de cette autre facette de la vie : la symbiose.

Il n'est pas rare, en effet, que la symbiose naisse d'une pénurie. C'est, par exemple, dans les sols pauvres que la symbiose entre les microchampignons et les racines des arbres qu'ils nourrissent s'effectue dans les meilleures conditions et fonctionne le mieux. Il en résulte d'étonnantes associations où l'on voit un grand arbre s'associer pour le meilleur — mais non pour le pire — à un fin feutrage mycélien souterrain en une union intime, durable et souvent monogame : une espèce d'arbre + une espèce de champignon.

Pour en revenir à notre propos, la symbiose résulterait donc initialement d'un état de pénurie et, secondairement, d'une confrontation pour l'alimentation qui a pu, dans une première phase, être chargée d'agressivité ; puis celle-ci a abouti à ce que les deux antagonistes rendent les armes et finissent non seulement par coexister pacifiquement, mais même par coopérer : tant il est vrai que la cellule végétale ne serait rien sans le chloroplaste, et qu'aucune cellule ne serait capable de fonctionner sans cette centrale énergétique qu'est la mitochondrie. L'un et l'autre devront naturellement sacrifier une part de leur autonomie au profit de la structure relevant d'un ordre supérieur : la cellule eucaryote ainsi formée, dont ils sont devenus des éléments soumis hiérarchiquement à la loi du tout. A chaque pas en avant vers le « progrès » correspond ainsi une perte, un nécessaire abandon de certaines propriétés par les éléments réincorporés dans la nouvelle structure, laquelle leur impose l'ordre induit par son agencement.

Chaque fois qu'ils se produisent, ces phénomènes d'associativité symbiotique constituent des actes fondateurs ; ils permettent de franchir certaines phases clés de l'évolution en transformant chaque fois du multiple en du Un : une bactérie, une cellule, mais aussi, comme nous le verrons, un être pluricellulaire, un cerveau humain...

De nombreux phénomènes de symbiose ont été décrits par les biologistes. Le plus classique est le lichen, cet être double résultant de l'intime association d'une algue et d'un champignon vivant en parfaite intelligence et se rendant mutuellement service. Il en va de même des coraux, autres associations symbiotiques. Mais ces phénomènes ont plutôt été considérés jusqu'ici comme un mode de vie spécifique, propre à certains organismes, sans que leur importance dans la dynamique évolutive ait été vraiment soulignée. *Or, les phénomènes additifs, associatifs, coopératifs, symbiotiques, constituent sans nul doute l'un des moteurs de l'évolution créatrice*. Ils engendrent des nouveautés décisives sans pour autant exclure le jeu des forces de sens contraire, dites de sélection naturelle, qui effectuent un tri permanent parmi ces nouveautés, ne conservant que ce qui est le plus viable, le mieux adapté. Car la sélection naturelle n'est pas, comme on le croit trop souvent, le « grand constructeur » ; elle doit être nourrie à d'autres sources pour fonctionner ; elle doit avoir « du grain à moudre » — et surtout à trier ! — un grain qui s'élabore en d'autres champs de la vie.

Il est probable que l'onde créatrice de nouveautés résulte de la mise en œuvre de processus multiples dont certains nous sont encore inconnus. Osons avouer que nous ne connaissons pas encore tous les mécanismes de l'évolution ! Comment sont apparus les nouveaux types structuraux fondamentaux, comme les embranchements, par exemple, qui tous émergent pratiquement en même temps au début de l'ère primaire ? Tout au plus peut-on affirmer que le flux créatif conduisant à la formation de nouveaux types structuraux (macroévolution), de nouvelles espèces (microévolution), rencontre le flux de sens contraire de la sélection naturelle, omniprésente, surtout au niveau des espèces. Il en résulte des équilibres instables, sans cesse renouvelés et remaniés, qu'illustrent bien la perpétuelle mouvance du monde vivant et les « progrès » stupéfiants induits par l'évolution biologique des origines jusqu'à nous.

La théorie symbiotique de l'origine de la cellule est aujourd'hui quasiment admise par tous les biologistes, encore que ceux-ci restent fort discrets sur la formation du noyau par cumulation de filaments d'ADN sans doute prélevés dans le milieu extérieur, puis enclavés. Ce phénomène, qu'on pourrait qualifier d'« associativité symbiotique », puisqu'il résulte de la « combinaison coopérative » d'éléments vivants, marque *une phase décisive de l'histoire de la vie, qui se situe approximativement il y a 1,5 milliard d'années. Dès lors, le rôle prééminent de la symbiose, à l'œuvre dès les origines de la vie, ne cessera plus de se manifester jusque dans les plus hautes entreprises de l'esprit.*

CHAPITRE 5

L'amour cellulaire

On ne connaît pas, à un milliard d'années près, l'époque où fut inventée, dans les mers, la sexualité. Celle-ci pousse l'« amour cellulaire » à son plus haut degré puisque, avec elle, deux cellules fusionnent pour n'en plus faire qu'une ! Or « qui fait ainsi un œuf fait du neuf », car l'œuf porte en lui un être totalement original, toujours différent de ses parents. (Discipline de référence : biologie de la reproduction.)

Voici donc la cellule type avec son noyau et ses organites — chloroplastes, mitochondries — noyés dans le cytoplasme, telle qu'elle est traditionnellement décrite dans les ouvrages de biologie. Cette cellule est beaucoup plus grosse qu'une bactérie et concentre son matériel génétique au sein du noyau. Dès lors que ce noyau est entouré d'un volumineux cytoplasme, il n'est plus question d'échanger du matériel génétique de cellule à cellule, comme le faisaient les bactéries avec une grande souplesse et une étonnante « liberté ». Désormais, le matériel génétique, l'ADN, est coincé, enclavé dans le noyau. Fini le libre échangisme ! Il va falloir inventer un nouveau mode de communication génétique dont la bonne compréhension va exiger un petit effort du lecteur.

En fait, les bactéries bénéficient de trois privilèges résultant de leurs caractéristiques structurales et organisationnelles : un diamètre minuscule, de l'ordre du micromètre, qui leur confère néanmoins une surface importante, rapportée à leur volume, de sorte que les échanges avec l'extérieur sont intenses ; des gènes interchangeables, conséquence logique de cette petitesse ; enfin, des métabolismes très rapides, très adaptatifs, très diversifiés. Leur génome est fort réduit, mais cette pauvreté ne constitue pas vraiment un handicap, puisqu'elles sont capables d'échanger aisément des gènes utiles avec d'autres souches. Que les conditions environnementales viennent à se modifier, et les bactéries s'adaptent en puisant chez leurs voisines, équipées du gène nécessaire, le matériel adapté à la vie et à la nutrition dans le nouveau milieu. Que l'homme vienne à utiliser contre elles des antibiotiques et très vite se propagent, de bactérie en bactérie, les gènes conditionnant la résistance à ces antibiotiques, qui rendent obsolètes les remèdes existants. C'est pourquoi il faut en créer sans cesse de nouveaux, lesquels généreront à leur tour de nouvelles résistances, contraignant chercheurs et fabricants à une perpétuelle fuite en avant.

Ainsi, les bactéries possèdent la singulière particularité d'être à même d'échanger entre elles des gènes en dehors de toute reproduction sexuée. Chez elles, la communication fonctionne à grande échelle. Cette pratique du « libre-échange » des gènes ignore les contraintes classiques de la sexualité qui limitent la communication sexuelle — donc l'échange de gènes — aux seuls individus de même espèce : pas de sexualité féconde entre le chien et le chat, et moins encore entre l'éléphant et le coquelicot !

Étrangement, le système de communication génétique très ouvert que pratiquent entre elles les bactéries évoque déjà l'émergence — encore fort lointaine, car située à l'autre extrémité de la pyramide des êtres — de la conscience : avec l'avénement de l'humanité, au-delà des contraintes de la biologie, le monde de l'esprit permettra également la multiplication et la diffusion des échanges culturels et spirituels entre individus, races, nations. En somme, ce qui est impossible entre espèces biologiques étroitement enfermées dans des barrières génétiques excluant tout croisement fécond avec d'autres l'est entre groupes sociaux étrangers et entre souches bactériennes différentes ! Comme l'humanité dans sa culture — à défaut de l'être dans sa biologie —, le monde bactérien est plus « libre », plus souple, plus adaptatif et plus communicatif que les mondes végétal et animal ! Cette forme de « liberté » ne se retrouvera que dans les sociétés humaines où des croisements entre cultures ou religions — malgré, là encore, bien des barrières ! — se révéleront possibles, parce qu'ils sont de l'ordre de l'esprit.

De la bactérie à la cellule à noyau, les trois lois qui fondent le monde bactérien — petite taille, génome réduit, génome échangeable — ont été transgressées. Une bactérie, on l'a vu, a gonflé sa taille, a enclavé une bactérie plus petite à forte capacité énergétique, ancêtre des futures mitochondries, et une algue bleue à chlorophylle, ancêtre des chloroplastes. De surcroît, elle a accumulé un patrimoine génétique important par emprisonnement de petits filaments d'ADN initialement répartis de façon diffuse dans son cytoplasme, ou prélevés dans le milieu extérieur et désormais concentrés dans le noyau. Du coup, l'échange de gènes avec ses voisines est devenu impossible.

Cette cellule à peine créée, la compétition s'exerce avec les bactéries voisines qui se divisent plus rapidement qu'elle par scissiparité et risquent de devenir envahissantes. Or, à la différence des bactéries, notre malheureuse cellule est incapable de s'adapter en puisant du matériel génétique auprès de ses voisines. Si elle n'a pas la chance de bénéficier d'une heureuse mutation génétique — chance aussi mince que celle de gagner au Loto ! —, les risques de se voir éliminer pour cause de non-adaptation sont sérieux. Car l'adaptation à des conditions de milieux variés, sans cesse changeants, exige la détention de gènes appropriés. Faute de les posséder, notre cellule eucaryote — et donc ses descendantes — aurait peut-être disparu, pétrifiée dans sa formule génétique immuable, si elle n'avait inventé — mais au bout d'un temps très long, peut-être 500 millions d'années — un processus permettant un autre système d'échange de gènes. Ce processus, c'est la sexualité !

Désormais, deux cellules appartenant à des souches possédant un patrimoine génétique voisin, mais légèrement différenciées par le jeu des mutations, se révèlent susceptibles de fusionner pour donner un nouvel individu.

Jusqu'alors, les cellules se multipliaient par scissiparité : une cellule primitive, bactérienne ou eucaryote, se divisait en deux, puis chaque cellule fille en faisait autant, et cela indéfiniment, de génération en génération. Les générations étaient courtes, d'une vingtaine de minutes à quelques heures, quelques jours au plus. Car la vie d'une cellule est brève dès lors que son seul « désir » est manifestement d'en faire deux, de donner ainsi naissance à de fidèles répliques reproduites, division après division, à des milliers, des millions, des milliards d'exemplaires.

Si l'on en croit les fossiles, l'invention de la sexualité remonterait à un milliard d'années, encore que ce chiffre ne fasse pas l'unanimité. Son principe est élémentaire : à partir du moment où une cellule, en se divisant, en donne deux, il est possible d'imaginer le mécanisme inverse par lequel deux cellules, en fusionnant, en redonnent une — ou plus exactement *une autre* ! Car, par le jeu des mutations accumulées, le patrimoine génétique des deux cellules parentes, quoique voisin, n'est pas rigoureusement identique. La sexualité apparaît donc comme un moyen de faire du neuf avec de l'existant, selon l'adage de Langaney : « Qui fait un œuf, fait du neuf[1] ! » C'est un processus authentiquement créateur, l'acte de

1. André Langaney, *Le Sexe et l'innovation*, Seuil, 1979.

création résultant de l'additivité et, plus encore, ici, de la « sympathie » entre deux cellules sexuelles appelées gamètes. Car, dans le milieu marin où nous sommes toujours, les deux cellules destinées à fusionner se reconnaissent par des émissions chimiques, leur « élection » s'effectuant en fonction de subtils phénomènes de compatibilité qui semblent déjà aussi complexes, à l'origine des temps, qu'ils le sont aujourd'hui dans la sexualité humaine.

Le jeu des mutations induites par le milieu, enregistrées par les gamètes, et des recombinaisons entre mutants par la sexualité, confère ainsi aux cellules à noyau un formidable pouvoir d'innovation et de variation. Qui dit variation dit différence dans les capacités d'adaptation aux changements permanents du milieu et, par conséquent, capacité, pour la vie, de surmonter les obstacles qu'elle rencontre en chemin, en éliminant les individus les moins adaptés et en favorisant les autres. Car, par ces processus, la vie conserve les fruits des mutations les plus favorables et des unions les plus heureuses, assurant la permanence des espèces et la sienne propre par-delà les accidents et changements qui perpétuellement la menacent.

Mieux que tout autre phénomène, la sexualité illustre le principe de l'additivité créatrice. Plus encore que la symbiose d'éléments distincts, la fusion génère un être neuf, doué de propriétés différentes de celles des parents. Nous ne sommes pas la moitié de notre père ajoutée à la moitié de notre mère : nous sommes un être neuf, tant il est vrai que le tout est toujours plus que la somme des parties. A contempler des enfants, à les comparer à leurs parents, on n'a aucun mal à se convaincre que la diversité est le fruit spectaculaire de l'additivité créatrice.

Ainsi, la sexualité produit sans cesse des êtres nouveaux, et, entre eux, une diversification telle qu'aucun individu, jamais, n'est identique à ses parents. On a pu calculer que pour un couple humain, le jeu des combinaisons des cellules sexuelles permet d'imaginer 64 000 milliards de combinaisons possibles pour chaque œuf produit. Chacun de nous n'avait donc qu'une chance sur 64 000 milliards d'être qui il est, c'est-à-dire *ce* fils ou *cette* fille de ses parents.

Il en va de même pour chaque couple humain, et pour chacun de ses enfants. Autant dire que nous sommes tous des exemplaires uniques issus d'un œuf unique. On conçoit que, sur cinq milliards d'hommes, il n'en est pas deux qui se ressemblent, sauf les vrais jumeaux, qui, issus d'un même œuf divisé ensuite en deux, comme l'aurait fait une bactérie, nous donnent une idée de ce que serait le monde sans sexualité : un monde statique d'êtres en tous points identiques et qui ne se reconnaîtraient même pas dans la rue, puisqu'ils seraient rigoureusement interchangeables. Un monde de clones tel que l'imaginent les auteurs de science-fiction.

Mais la sexualité a ses lois, établies dès les origines. Pour les gamètes qui fusionnent, c'est le don sans retour, la fusion dans un tout, tout neuf. Pour le couple réussi, l'enjeu reste le même, même si la personnalité propre des partenaires subsiste jusqu'au bout. En dépit des apparences, la sexualité garde des traits fondamentalement conservateurs dont on retrouve les marques d'un bout à l'autre de l'échelle de la vie. Elle évolue moins vite dans ses modalités, s'adapte moins rapidement à l'environnement que les autres organes ou fonctions. Alors que la plupart des animaux ou des plantes ont réussi leur adaptation à la vie terrestre voilà 400 millions d'années, la rencontre des cellules sexuelles continue à se faire — et ce jusque chez les animaux supérieurs, y compris chez l'homme — dans un milieu aquatique, grâce à des spermatozoïdes nageurs et ciliés. Au moment de se reproduire, l'animal se souvient de ses lointains ancêtres marins[1].

---

1. Ce thème a été longuement développé dans l'ouvrage de l'auteur : *Les Plantes : amours et civilisations végétales*, Fayard, 1980.

Observés au microscope, les spermatozoïdes se déplacent sous l'impulsion des battements de leurs flagelles. Or, la microstructure de celles-ci correspond exactement à celle des très anciens Flagellés bactériens. Comment expliquer qu'un même schéma organisationnel se maintienne chez des Eucaryotes sans aucun rapport immédiat avec les bactéries flagellées ?

Ces concordances structurelles sont si évidentes, la ressemblance de ces flagelles est telle que l'on a pu formuler l'hypothèse d'une très ancienne symbiose entre des bactéries flagellées et de très primitifs Eucaryotes. Les gamètes, ou spermatozoïdes, résulteraient de cette symbiose : la tête de la bactérie flagellée serait restée fixée dans la membrane cellulaire, et le flagelle tourné vers l'extérieur, conservant sa mobilité. Bref, nos spermatozoïdes se déplacent au moyen de flagelles inventés il y a des milliards d'années, avant même que n'existent la cellule eucaryote, ni, bien entendu, la sexualité.

Seules les plantes supérieures à fleurs, à fruits et à graines ont fait preuve de modernité en débarrassant leurs spermatozoïdes de ces flagelles que les animaux, à tous égards plus mobiles, ont néanmoins conservés. Cette autre manifestation d'additivité symbiotique confère au spermatozoïde animal ses caractéristiques de mobilité et de vitalité.

Bien plus, dès l'apparition des premiers êtres sexués, aux origines donc de la sexualité, voici un milliard d'années, le subtil jeu dialectique des attirances et répulsions mutuelles est engagé. Il annonce déjà les risques d'échec, de déception, de frustration, de stérilité, bref, cette incertitude fondamentale qui semble être l'apanage et l'originalité de la sexualité, d'où découlent les peurs et tabous qu'elle a suscités de tous temps.

Nous venons de franchir d'un seul pas — de géant — l'abîme qui sépare le premier Eucaryote sexué de l'Homme. Entre ces deux inventions de la vie, distantes d'un bon milliard d'années, une étape essentielle a dû être parcourue : le passage à la vie pluricellulaire.

CHAPITRE 6

L'ordre et la liberté

De la cellule libre à l'être pluricellulaire, la vie franchit une étape décisive, mais au prix d'un lourd sacrifice pour chaque cellule intégrée dans un organisme complexe : il lui faudra désormais accepter la loi du groupe et renoncer au libre déploiement de toutes les potentialités contenues dans son patrimoine génétique. Le perfectionnement des structures exige des sacrifices. (Discipline de référence : biologie des organismes.)

Sur l'apparition des premiers êtres pluricellulaires, plusieurs thèses sont en présence, qui ne s'excluent d'ailleurs pas nécessairement. Comme toujours lorsqu'elle se mêle de scruter les origines, la science est incertaine, contrainte à des supputations, même si, bien souvent, elle paraît assener des vérités quasi dogmatiques.

Une première thèse voudrait que ce passage ait été la conséquence d'une vive compétition entre bactéries et cellules à noyau : dans les zones littorales peu profondes des océans, pour tenter de faire face à la concurrence des bactéries dont la reproduction, les potentialités biochimiques, les métabolismes sont plus vifs et plus prompts que les leurs, les cellules eucaryotes restèrent accolées après leur division, formant de nouvelles entités avec un dedans et un dehors. Du coup, les cellules du centre purent se spécialiser dans certaines synthèses ou certaines fonctions, à l'abri de la lutte avec les compétiteurs externes. De grandes performances — hors compétition ! — purent alors se développer par réduction de la pression du milieu. (Comme quoi la sélection naturelle n'est pas le seul moteur de l'évolution, celle-ci pouvant aussi résulter, au contraire, d'une réduction de la pression sélective. Chacun sait d'ailleurs qu'un excès de cette pression peut entraîner la mort...) De très belles organisations pluricellulaires de plantes et d'animaux supérieurs devinrent possibles et, du même coup, la conquête de la Terre.

Dans ce passage au pluricellulaire, la construction des organismes par addition et coalescence de cellules est évidente. Déjà, au niveau des bactéries et des algues bleues, des agglomérats de cellules se constituent sous forme de colonies sans que pour autant, un organisme pluricellulaire complexe se constitue jamais. Chaque cellule reste indépendante, sans se soumettre ni participer à l'organisation d'ensemble. Pour ce qui est des végétaux, les premières véritables organisations pluricellulaires s'élaborent, semble-t-il, avec leurs efforts pour conquérir les littoraux rocheux ou les fonds marins peu profonds. C'est la deuxième hypothèse proposée — plus botaniste que la première — pour expliquer les modalités de passage du mono- au pluricellulaire.

Au départ, des algues monocellulaires nagent dans l'océan et forment le plancton végétal, aliment précieux pour les animaux herbivores, car la vie n'a toujours pas quitté l'eau. Au sein des grandes masses océaniques, la cellule planctonique ne rencontre aucun obstacle. Emportée par le courant ou mue par ses flagelles, elle flotte ou se déplace entre deux eaux, menacée simplement par l'animal qui pourrait en faire sa pitance. Mais que la vague l'amène brutalement au contact des roches littorales et la voici brusquement confrontée à un nouvel obstacle. Comment l'éviter ? Comment survivre aux chocs répétés que la fureur du ressac impose à sa frêle membrane ? Plutôt que de voir son fragile corps cellulaire sans cesse projeté contre les aspérités rocheuses, elle finit un jour par s'y fixer purement et simplement. A partir de quoi, le problème est résolu.

Mais, aussitôt, d'autres problèmes apparaissent : ainsi va la vie, de crise en crise. En effet, si la nouvelle situation de cette cellule comporte des avantages, elle présente aussi des inconvénients.

L'avantage est évident : l'intense va-et-vient des vagues sur les rochers entraîne un brassage continu de l'air et de l'eau dont témoignent les embruns ; l'eau, au contact intime de l'air, se recharge en gaz carbonique, matériau nécessaire à la synthèse chlorophyllienne. Plus grande sera l'agitation de l'eau, meilleure sera l'alimentation de l'algue.

Encore faut-il qu'elle puisse supporter ce mouvement sans être arrachée à son support. Ici gît l'inconvénient. Car s'adapter, c'est adopter un nouveau mode de vie, et s'en donner les moyens. Aussi voit-on la cellule planctonique former, par divisions successives de sa cellule unique, un tissu cohérent capable de l'ancrer solidement à son support : tissu aux formes les plus diverses, filamenteux, ramifié ou foliacé, auquel les botanistes ont donné le nom de « thalle ». Pour eux, est thalle toute forme végétale, du microbe au champignon et de l'algue au lichen, qui ne relève pas de la classique division en racine, tige et feuille, propre aux plantes supérieures.

Selon ce scénario, proposé par le botaniste anglais Corner[1], le littoral apparaît donc comme le lieu privilégié où la vie végétale passe du stade unicellulaire planctonique à l'organisation pluricellulaire des algues fixées. Telle est une des grandes lois de la vie que les nouveautés s'élaborent souvent dans les régions frontalières, au confluent de milieux différents s'enrichissant de leurs apports respectifs et opposant des défis aux êtres avec lesquels elles sont confrontées. On sait la richesse biologique des estuaires où se brassent les eaux douces et saumâtres, où s'accumulent les alluvions. On sait aussi la richesse des marécages, frontière indécise entre la terre et l'eau. L'histoire humaine n'échappe pas à cette loi universelle. L'évolution se fait par les marges : le christianisme est né aux confins de l'Empire romain, dans le Proche-Orient ouvert aux influences asiatiques ; et l'esprit de la nation américaine s'est forgé dans la grande aventure de la conquête de l'Ouest, ce que les Américains de l'ère des pionniers appelaient d'ailleurs leur « frontière ».

Le passage des eaux libres au littoral exige donc l'adaptation du végétal ; celle-ci s'effectue par le passage du stade monocellulaire

1. E.J.H. Corner, *La Vie des plantes*, Grande Encyclopédie de la Nature, vol. 3, Bordas, 1970.

au stade pluricellulaire. Mais la construction d'un corps pluricellulaire exige, de chaque cellule qui le constitue, de lourds sacrifices. Libre, toute cellule expose l'ensemble de sa surface à la lumière et peut se diviser à tout moment. Intégrée à un organisme plus vaste dont elle n'est plus qu'un élément, il lui faut se conformer à un principe d'ordre supérieur qui va restreindre sa « liberté » en la soumettant aux lois de l'organisme auquel elle appartient. Ainsi, par exemple, chez les algues filamenteuses, on observe que dans les longues séries de cellules alignées, toutes ne se divisent pas, ce qui produirait un mouvement chaotique ; seule la dernière cellule du filament se divise, provoquant l'allongement de celui-ci. On l'observe aisément en enduisant les filaments de fines poussières de noir de fumée ; seules les poussières fixées sur la calotte s'écartent peu à peu les unes des autres, puisque la croissance en longueur ne s'effectue qu'à partir de là. Les autres cellules situées sous cette cellule terminale sont dominées par elle et perdent leur capacité de se diviser transversalement. Ce n'est qu'à une certaine distance de l'extrémité du filament que cette capacité de division réapparaît : de ces divisions transversales naissent des ramifications latérales qui progressent à nouveau chacune par division de la cellule terminale. D'où la formation d'une structure cohérente et ramifiée où se révèle la physionomie classique de l'organisation végétale avec sa tige principale et ses ramifications secondaires.

Lorsque plusieurs filaments se réunissent pour former un tissu épais, les cellules du centre ne reçoivent plus de lumière et ne sont donc plus capables d'opérer la photosynthèse. Elles doivent être alimentées par les cellules périphériques. Leurs capacités propres sont ainsi réprimées au profit de la constitution d'un tissu plus solide qui conférera à l'algue la faculté de se fixer sur le rocher. Les cellules du crampon perdent ainsi leur aptitude à faire la synthèse chlorophyllienne, ne serait-ce que par l'épaisseur de leurs parois qui leur permettent de porter tout l'organisme, même si le poids de celuici est allégé du fait que les lames d'algues flottent dans l'eau.

Ces exemples montrent les sacrifices que chaque cellule doit consentir, l'inhibition de certaines potentialités qu'elle doit accepter au profit de la société cellulaire à laquelle elle appartient. Déjà se profile, à propos de ces végétaux primitifs, l'organisation des sociétés humaines les plus élaborées, où, quel que soit le degré d'autonomie accordé aux individus, de larges sacrifices doivent être consentis pour la survie du groupe. L'individu paie toujours son tribut, fût-ce sous forme d'impôts, à la société à laquelle il appartient, dont il est une cellule. En biologie, la répression des potentialités individuelles de chaque cellule au profit de l'organisation est au moins aussi forte que l'action des forces répressives dans les sociétés les moins démocratiques. L'organisation et la hiérarchie, chez l'algue comme chez l'homme, imposent leurs exigences. Ainsi se déploie, dès les origines de la vie, le difficile jeu de l'ordre et de la liberté. Et ce au point que le « maintien de l'ordre » s'assure parfois au prix d'une pure et simple privation de liberté. Car la liberté ne consiste jamais à faire n'importe quoi : pour la cellule comme pour l'homme, elle s'arrête là où elle entrave celles des autres.

Mais les sacrifices consentis par la cellule profitent à l'organisme entier. La dominance hiérarchique exercée par les cellules terminales sur les autres confère à l'organisme sa forme et son organisation. Celui-ci constitue en effet un tout parfaitement cohérent. Il suffit, pour s'en rendre compte, de sectionner le crampon d'une algue : libérée de son support, elle flotte à la dérive et meurt comme un animal décapité. Cela s'explique. Les cellules inférieures non chlorophylliennes, noyées dans un tissu porteur épais, forment le substrat des cellules supérieures spécialisées dans la photosynthèse et exposées à la lumière ; elles dépendent de ces cellules supérieures pour ce qui concerne leur nutrition. Mais, à l'inverse, les cellules supérieures dépendent des inférieures pour ce qui concerne le maintien et la position de l'algue. Fixée, elle est mue en permanence par le mouvement des vagues et donc alimentée en gaz carbonique grâce à l'incessant brassage de l'eau et de l'air à son contact. Flottante, elle dérive dans un milieu auquel elle n'offre plus la moindre résistance ; l'effet de brassage devient alors trop faible pour l'alimenter en gaz carbonique ; la photosynthèse s'étiole et elle ne tarde pas à se décomposer.

On voit que toutes les cellules travaillent ensemble au profit de l'algue entière, même si elles doivent pour cela inhiber une part de leurs potentialités et tendre à une certaine spécialisation.

On constate donc que l'élaboration d'un organisme complexe, dans la mesure où elle suppose une différenciation et une spécialisation des éléments constitutifs du nouvel ensemble, entraîne, pour chacun de ces éléments, ce qu'on pourrait appeler une « perte d'autonomie ». Si les étapes fondamentales de l'évolution semblent obéir à un phénomène constant d'additivité, d'associativité, de complexité croissante et de symbiose, celui-ci s'accompagne quasi obligatoirement de « pertes », à commencer par la perte d'autonomie des éléments au profit de la viabilité et de la stabilité de l'ordre supérieur résultant de leur agencement. Ces pertes se manifestent, on l'a deviné, dès que plusieurs éléments s'assemblent en vue d'en élaborer un nouveau plus complexe. Ainsi de l'ADN, qui impose ses potentialités organisatrices au cytoplasme dès qu'il se lie à lui, et dont il régit les fonctions chimiques, à l'origine de la vie, lorsque s'élabore la première bactérie ou la première algue bleue. Ainsi de l'algue bleue et de la bactérie emprisonnées au sein de la cellule eucaryote, devenues organites et coopérant au bon fonctionnement de l'ensemble, sur le plan énergétique (mitochondrie) et photosynthétique (chloroplaste), au prix d'une évidente perte d'autonomie, puisque les voici désormais enclavées et presque assimilées par la cellule. Ainsi, plus haut dans la hiérarchie de la vie, en va-t-il des cellules d'un tissu. De même des tissus d'un organe, dont les finalités coïncident avec celles de celui-ci et qui coopèrent harmonieusement à son fonctionnement. De même encore des organes d'un organisme — le cœur, le foie, le rein — travaillant pour celui-ci et devenus, par excès de spécialisation, incapables de travailler pour un autre organe : une cellule du foie métabolise pour le foie, mais ne sait pas faire passer l'influx nerveux, etc.

De même, enfin, des organismes humains, eux-mêmes inféodés à de multiples organisations sociales, elles aussi significativement qualifiées d'« organismes ». A chaque niveau d'organisation, les éléments constitutifs de l'ensemble se spécialisent, se différencient, perdent une partie de leurs potentialités en n'effectuant plus qu'une seule fonction : celle de la cellule, du tissu, de l'organe, de l'individu ou de l'organisme auquel ils appartiennent — dans le cas des humains, leur profession, par exemple.

Cette perte de fonctions potentielles peut aller plus loin, et même atteindre un quasi sabordage des éléments constitutifs au profit du tout. C'est le cas lorsque deux éléments fusionnent en disparaissant l'un et l'autre pour former un tout entièrement nouveau — ainsi l'œuf dans le cas de la reproduction sexuée.

La sexualité est en quelque sorte un mécanisme créatif, d'ordre supérieur et absolument unique où l'autonomie de l'être nouveau se paie non pas par une perte d'intégrité des éléments constitutifs, mais par leur fusion, leur disparition pure et simple en vue d'engendrer une nouveauté absolue. Même au niveau cellulaire, l'amour exige déjà, paradoxalement, un don de soi sans retour...

Ce ne sont là que des pertes subies ou consenties que doivent accepter les éléments constitutifs d'un ensemble organique. Mais les choses peuvent encore aller plus loin, et les pertes devenir à leur tour créatrices de nouveautés en stimulant de nouvelles adaptations et de nouveaux modes de vie. Les « mécanismes » — si tant est que ce terme soit approprié — de la vie sont multiples, dialectiques, récurrents, déroutants, parfois même en apparence contradictoires, tant et si bien qu'aucun paradigme ne saurait à lui seul en rendre compte. Telle est sans doute la plus grave faiblesse de nombreux partisans inconditionnels du darwinisme : ils prétendent rendre compte de l'extrême complexité des mécanismes de l'évolution, dont beaucoup nous sont encore inconnus, par une sorte de processus stéréotypé, standard : le jeu simultané des mutations et de la sélection naturelle. Or, nous allons voir que la perte d'éléments qui semblent nécessaires à la vie peut engendrer de la nouveauté.

CHAPITRE 7

Du végétal à l'animal

Le passage de la cellule végétale à la cellule animale illustre les lourdes pertes qu'il faut consentir pour parvenir à un nouveau type d'organisation autonome. Mais cette évolution peut aussi aboutir au champignon, qui, lorsqu'il vit en parasite, perd toute autonomie. Le premier type d'évolution est progressif ; le second, régressif. (Discipline de référence : biologie des organismes.)

L'apparition de la vie animale marque une étape capitale dans la grande épopée du vivant. Là encore, les scientifiques ont avancé diverses hypothèses pour tenter d'expliquer la différenciation du monde animal d'avec le végétal. C'est en la confrontant à l'observation d'êtres vivants encore actuels que l'une d'elles au moins acquiert une certaine plausibilité.

On peut en effet aisément suivre la lente dérive vers l'animalisation de certaines algues brunes microscopiques et unicellulaires. Ainsi, les Euglènes notamment peuvent se décolorer, par perte réversible ou définitive de leur chlorophylle, que ce soit sous l'influence de l'obscurité, de mauvaises conditions de nutrition, ou sous l'effet d'antibiotiques ; elles adoptent alors un mode de vie typiquement animal, cessant d'effectuer la photosynthèse et se nourrissant d'aliments organiques solides ou liquides.

L'exemple des algues de la famille des Dinophycées est encore plus spectaculaire, car il permet de saisir toutes les étapes de l'animalisation.

Les Cystodiniums sont de vraies algues : comme toutes les plantes, elles possèdent de la chlorophylle, font la photosynthèse, et, grâce à celle-ci, accumulent des sucres, notamment dans leurs parois épaisses et cellulosiques, ce qui, à l'occasion, les rend obèses. Ces algues possèdent donc les deux attributs spécifiques des végétaux : l'aptitude à la photosynthèse et l'épaisse membrane cellulosique, qui donnent aux cellules et aux tissus végétaux cette consistance rigide que n'ont pas les tissus animaux, toujours plus flasques. Mais les Cystodiniums se reproduisent par des spores ciliées et nageuses qu'elles émettent au moment de leur

« puberté » ; ce fameux cil leur sert de gouvernail et s'enracine au fond d'un sillon formant une excavation au centre de la spore.

Les algues Péridiniums sont très semblables aux Cystodiniums, mais elles conservent leur cil, leur mobilité et leur sillon durant toute leur existence. Ce sont en quelque sorte des Cystodiniums perpétuellement infantiles, néoténiques, comme disent les scientifiques, ce qui exprime leur capacité de rester de perpétuels enfants et de se reproduire avant l'âge adulte — qu'elles n'atteindront d'ailleurs jamais, puisqu'elles conserveront leur vie durant cette forme de jeunesse ! Bien plus, grâce au sillon, elles se nourrissent, d'une manière tout animale, de proies solides. Ce sillon devient donc une bouche.

Toutes proches, les Gymnodiniums ont connu la même évolution : elles aussi restent infantiles et se nourrissent « par la bouche » de proies solides. Mais elles perdent de surcroît leurs chloroplastes, donc l'aptitude à la synthèse chlorophyllienne, et, par voie de conséquence, la paroi cellulosique, qui, n'accumulant plus de sucres, s'amincit et devient une paroi de cellule animale. Il s'agit donc d'un animal cilié, d'un protozoaire, qui se nourrit en emprisonnant des proies dans son corps cellulaire.

Que cet être vienne à perdre son cil, et le voici devenu une simple amibe captant ses proies par ses pseudopodes. Mais, en s'enkystant, comme le font toujours les amibes pour échapper à des conditions de vie momentanément défavorables, celle-ci se met à ressembler étrangement au Cystodinium de départ, produisant même des spores ciliées tout à fait semblables.

On comprend pourquoi les biologistes ont classé ces quatre types, à première vue si différents, dans le même groupe d'algues, les Péridiniens, qui illustrent, parmi maints autres exemples, combien est artificielle la frontière séparant l'animal du végétal chez les êtres microscopiques.

Ce phénomène d'« animalisation » de cellules végétales a dû se produire à de très nombreuses reprises, sans doute à partir de plusieurs groupes d'algues, au cours de l'histoire de la Vie, enracinant ainsi le monde animal dans plusieurs souches végétales. Rien n'interdit d'ailleurs de penser qu'un mouvement inverse n'ait « végétalisé » des structures animales par acquisition de chlorophylle. On pourrait encore ajouter à ces pertes successives celle de l'aptitude à la reproduction par voie végétative non sexuée (spores asexuées, boutures, greffes, etc.), propre au monde végétal et que le monde animal ignore.

Mais, en passant du végétal à l'animal, l'organisme enregistre aussi des gains. Et d'abord la mobilité, liée à la perte de la rigidité et qui permet à l'animal de se déplacer pour trouver nourriture et partenaires sexuels. Comme le remarque justement Jacques Brosse [1], « ce ne sont plus les gamètes seuls qui se déplaceront, allant à la rencontre les uns des autres comme chez les plantes, mais leurs porteurs eux-mêmes, ce qui multipliera les possibilités de croisement, donc de différenciation. Et, en effet, le nombre des espèces animales est de très loin supérieur à celui des espèces végétales. »

Jacques Brosse ajoute avec à-propos : « Un autre trait, que l'on ne songe pas d'ordinaire à mentionner, distingue tout aussi radicalement monde animal et monde végétal. Avant que les premiers animaux n'aient fait irruption à l'air libre, escaladant les rivages et peuplant les continents, la Terre était silencieuse. Le bruit naissait uniquement des perturbations physiques terriennes — le grondement des volcans et des geysers, le bruissement des sources, les rumeurs des torrents —, mais surtout atmosphériques. Le bruit était le sifflement du vent, son souffle, puisque c'est le vent qui agitait la mer, rassemblait les nuées d'où naissaient

1. Jacques Brosse, *La Magie des plantes*, Hachette, 1979.

de tumultueux orages, lui enfin qui faisait s'entrechoquer les arbres. Et, soudain, il y eut le cri, il y eut le chant, la Terre avait désormais une voix. Car, de même que l'animal avait incorporé au centre de lui-même le milieu originel, de même, grâce à ce vide en lui, intériorisait-il le vent, devenu son propre souffle qu'en expirant il faisait passer par des canaux sonores. Ainsi naquirent le bruit et aussi la violence, succédant au silence, à la paix. »

Les pertes subies par le végétal génèrent ainsi de profondes nouveautés. Ce sacrifice créateur ne peut pas ne pas faire songer aux fruits du lâcher-prise, du don de soi, de l'abandon à Dieu ou à tout autre principe supérieur, de l'ascèse, — bref, à cet enseignement commun à toutes les sagesses et religions. *A contrario*, il renvoie à leurs illusions les sociétés de consommation, ces fameuses sociétés du « toujours plus », dont il s'avère chaque jour davantage que leur prétendu progrès continu n'est qu'un leurre, dont il est peut-être encore trop tôt pour mesurer la profonde perversité. Prétendre assurer le bien être d'une société par une croissance matérielle perpétuelle et purement quantitative est une illusion que devront payer sans doute fort cher les générations à venir !

Il arrive aussi que la perte de la chlorophylle, chez le végétal, ne s'accompagne pas de l'acquisition d'un mécanisme locomoteur par cil, donc de la mobilité, ni de la capacité de capter des proies solides. On passe alors à un autre groupe issu des plantes vertes et dépourvu d'aptitudes chlorophylliennes : les champignons. Ceux-ci forment un groupe immense, relativement homogène, que les biologistes tendent désormais à considérer comme un règne à part entière, puisqu'ils ne sont ni animaux, faute de mobilité et d'aptitude à absorber des proies solides, ni végétaux, faute de synthèse chlorophyllienne.

Champignons et animaux descendent donc par filiation directe du monde des algues, leurs ancêtres communs. Dépourvus de l'aptitude à la photosynthèse, ils ne peuvent que se nourrir de la matière vivante photosynthétisée par l'usine végétale. Les animaux herbivores se nourrissent directement de plantes par prédation. Les champignons inclinent davantage à vivre aux dépens de la plante qui les héberge, à moins qu'ils ne préfèrent tirer leur subsistance des cadavres animaux et végétaux qu'ils décomposent et dont ils recyclent les éléments par fermentation : plus encore que les bactéries, ils sont, à l'extrémité des chaînes de la vie, les agents spécialisés de la décomposition et du recyclage des déchets.

Du stade de saprophytes, êtres qui se nourrissent à partir de matières organiques en décomposition, les champignons ainsi que divers animaux ou végétaux passent aisément à celui de parasites. Au niveau de leur organisation, ils perdent alors un grand nombre d'organes ou d'organites, devenus superfétatoires dès lors qu'ils ont acquis la capacité de se nourrir purement et simplement de la substance d'autres organismes vivants qu'ils parasitent. Chez les végétaux parasites, on constate une fois encore la perte de la chlorophylle, donc de la couleur verte, et par conséquent de la photosynthèse, au profit d'un mode d'alimentation typiquement animal consistant à vivre aux dépens des autres — ici, à puiser sa nourriture sur une autre plante. Chez les animaux parasites, par suite de la perte de tous les autres organes, devenus inutiles, il ne subsiste parfois qu'un simple tube digestif ; l'animal parasite (le ver) s'est coulé, moulé dans le corps de son hôte, auprès duquel il puise sa nourriture sans pour autant entraîner sa mort, comme cela peut se produire lors de la prédation. Quant aux champignons, même très évolués, certains finissent par oublier la règle pourtant générale du renouvellement génétique en abandonnant tout mécanisme de reproduction sexuée. Ils deviennent alors des « imparfaits », des *fungi imperfecti*, dépourvus d'un des attributs fondamentaux des êtres vivants supérieurs : la sexualité [1].

Chez les parasites, l'organisme simplifie son organisation et son mode de vie en perdant littéralement tout ce qui n'est pas nécessaire à son existence. Les pertes résultent ici de l'adoption d'un mode de vie totalement dépendant, non plus comme dans l'exemple des êtres pluricellulaires, au niveau d'une simple cellule, mais bel et bien, cette fois, au niveau d'un organisme entier. Il ne s'agit plus de consentir des sacrifices individuels au profit de l'équilibre d'une communauté, mais plutôt d'exiger d'un hôte de lourds sacrifices pour pallier les exigences du parasite, qui préfère vivre aux dépens des autres plutôt qu'avec les autres ou pour les autres...

Dans les premiers cas évoqués précédemment, les pertes aboutissaient à l'émergence de nouvelles entités douées de nouvelles propriétés. Tels nous apparaissaient par exemple les êtres pluricellulaires. Ces pertes revêtaient un caractère proprement créatif.

---

1. Curieusement, et pour l'anecdote, on notera que les Cathares considéraient comme des « parfaits » ceux d'entre eux qui, refusant le mariage, se vouaient à une parfaite chasteté. Ici, à l'inverse des champignons, c'est la perfection, et non l'imperfection, qui résultait de la perte de la sexualité !

Dans le second cas, celui des parasites, elles s'effectuent au détriment des autres et aboutissent à des êtres apparemment sans avenir, qui nous font l'effet de culs-de-sac de l'évolution. *On a affaire ici à la dialectique de la progression et de la régression, autre couple de concepts fort illustratif des lois de la Vie et déjà abondamment traité dans un autre ouvrage* [1].

Puisque nous en sommes à évoquer des couples de concepts, voici donc qu'au concept d'additivité par symbiose vient s'opposer celui, régressif, de soustractivité par parasitisme. Progrès complexifiant, régression simplificatrice : d'un côté, les êtres se complexifient et acquièrent de nouvelles propriétés émergeantes ; de l'autre, ils se simplifient et perdent généralement sans retour les potentialités et l'aptitude à réaliser les performances de leurs ancêtres. Il en est ainsi, en botanique, des mousses dites Hépatiques, qui ont perdu le joli petit appareil feuillé de la mousse dont elles proviennent ; et, en zoologie, de certains vers parasites, si bien adaptés à l'intestin de leur hôte qu'ils en arrivent même à perdre leur propre tube digestif !

En fait, tout laisse penser que la symbiose est un équilibre délicat mais réussi entre la

---

1. *Les Plantes : amours et civilisations végétales, op. cit.*

brutalité de la prédation et l'égoïsme du parasitisme. Que cet équilibre soit atteint, et c'est par lui que va s'insinuer le progrès évolutif, qu'émergeront de nouvelles acquisitions et de nouvelles structures.

Tel est bien le coût du progrès ! S'impose irrésistiblement, à ce stade, l'antique notion de sacrifice, notion devenue bien étrangère à notre monde contemporain, mais qui évoque si parfaitement le concept de réciprocité implicite aux termes duquel on ne peut ni recevoir sans donner, ni progresser sans consentir certains risques, certaines pertes qui font partie intégrante de la vie.

[illegible]

[illegible] de l'[illegible] [illegible] [illegible] du [illegible] [illegible]. [illegible] [illegible] [illegible] [illegible] [illegible] [illegible] [illegible] [illegible] [illegible] [illegible] [illegible] [illegible] [illegible] [illegible] acquis [illegible] [illegible] [illegible].

Il est bien [illegible] du progrès ! [illegible].

CHAPITRE 8

Le cerveau

Avec ses cent milliards de neurones interconnectés, le cerveau humain représente le plus haut niveau de « complexité symbiotique » perceptible dans l'Univers ; il résulte d'un mouvement évolutif constant qui n'a cessé d'accroître le volume cérébral dans la lignée des Vertébrés. Mais chaque cerveau humain est unique, illustrant un niveau de biodiversité qui n'a pas son égal chez les autres espèces animales ou végétales. (Disciplines de référence : neurobiologie, paléontologie.)

Au sommet de l'arbre de l'évolution, le cerveau. A l'extrémité de cet arbre, une espèce unique appartenant au groupe des mammifères primates : l'Homme.

Le problème de l'ascendance de l'homme n'a guère fait l'objet de débats pendant des siècles, voire des millénaires, tout au moins dans l'Occident judéo-chrétien. Dans son premier livre, la Genèse, la Bible rappelle en effet que l'homme fut créé, à l'instar des animaux, le sixième jour. Ce rapprochement de l'homme et de l'animal, dans une dynamique créative censée avoir duré six jours, prit subitement un tour polémique lorsque Charles Darwin publia en 1871, son ouvrage intitulé *De la descendance de l'homme*. Dans ce célèbre ouvrage — presque aussi fameux que *De l'origine des espèces*, publié par le même auteur douze ans plus tôt —, Darwin montrait que l'humanité n'était en réalité qu'une espèce parmi d'autres, analogue à toutes celles qui l'ont précédée ou qui, aujourd'hui, l'accompagnent dans la grande aventure de la vie ; apparue un jour sur un rameau du groupe des Primates, elle pourrait aussi bien connaître, comme tant d'autres, le déclin et la mort... Cette prise de conscience, jusque-là limitée aux seuls spécialistes, commença promptement à se répandre dans le public et marqua, à la fin du XIXe siècle, le début d'une révolution culturelle peut-être sans précédent dans l'Histoire, sans doute plus traumatisante encore que la révolution copernicienne. Darwin avait d'ailleurs parfaitement perçu les conséquences de ses théories, et s'en inquiétait quelque peu. Informée de ses travaux, une lady ne confiait-elle pas à un ami : « Descendants des singes, mon cher, espérons que ce ne soit pas vrai ; mais, si ça l'était, pourvu que la chose ne s'ébruite pas ! »

La « chose » s'est en vérité singulièrement ébruitée et nul ne conteste plus aujourd'hui, sinon que l'homme descend du singe, du moins qu'ils ont l'un et l'autre des ascendants communs. Quels sont-ils ?

Ici, les choses se discutent et la communauté scientifique n'a pu encore se mettre d'accord sur une filiation minutieuse et rigoureuse qui établirait, sans hésitation ni bavure, l'arbre généalogique exact de notre espèce. Pis encore, les choses semblent se compliquer au fur et à mesure que la recherche découvre de nouveaux documents, de nouveaux fossiles.

Grâce à ces derniers, on sait cependant avec une quasi certitude que les étapes les plus anciennes de l'évolution de la famille des Hominidés, à laquelle nous appartenons, se sont déroulées en Afrique orientale et australe. C'est en effet en Afrique que vécurent à la fois les Australopithèques et les représentants de notre propre genre, le genre *Homo*. C'est entre – 10 et – 5 millions d'années que la divergence s'effectue entre les Hominidés et les singes Pongidés, représentés aujourd'hui par les gorilles, les chimpanzés et les orangs-outans. Alors que ceux-ci ont un cerveau dont le volume oscille entre 400 et 500 centimètres cubes, les Hominidés africains du genre australopithèque, apparus il y a environ 3 millions d'années, ne font en réalité guère mieux ; mais c'est à eux qu'on attribue l'invention de la marche bipède.

L'Australopithèque a connu une longue histoire : plus de 2 millions d'années, ce qui est considérable lorsqu'on sait que celle de notre propre espèce ne compte guère plus de 30 000 ans, peut-être 50 000 ou 100 000. Puis, comme l'écrit John C. Eccles [1], les Australopithèques transmirent la torche aux coureurs suivants, les *Homo habilis*, et disparurent, comme il advient de la plupart des espèces dont on sait aujourd'hui qu'elles sont mortelles, à l'instar des individus qui les représentent.

Parce que les Hominidés de l'espèce *Homo habilis* ont déjà un cerveau d'un volume de 646 centimètres cubes en moyenne, on les a classés dans le genre *Homo*. Quant à l'espèce *habilis*, elle doit son nom à son « habileté » à inaugurer la civilisation des outils de pierre. Bien entendu, cet « homme habile » vit encore, comme ses ancêtres, de cueillette, éventuellement de petites chasses.

1. John C. Eccles, *Évolution du cerveau et création de la conscience*, Fayard, 1992.

Puis, au bout de 900 000 ans, il disparaît après avoir aussi, croit-on, inventé les premiers rudiments du langage. C'est alors l'*Homo erectus* qui le remplace, avec déjà un cerveau de 800 à 1 200 centimètres cubes. Apparu il y a 1 500 000 ans, il peuple l'Afrique, mais gagne aussi peu à peu l'Europe et l'Asie, jusqu'à l'Extrême-Orient ; ses outils sont beaucoup plus perfectionnés que ceux de ses prédécesseurs ; enfin, il maîtrise le feu, qui sera bientôt utilisé dans le monde entier.

Puis apparaissent, il y a 100 000 ans, les premiers *Homo sapiens*, encore primitifs, appelés Néandertaliens. Leur cerveau atteint 1 200 centimètres cubes et l'on pense qu'ils auraient vu le jour en Palestine au sein d'un isolat périphérique, confirmant une fois encore la fameuse thèse de l'évolution par les marges. Avec l'apparition de l'homme de Neandertal, l'évolution biologique cède le pas à l'évolution culturelle. Les Neandertaliens ont en effet une culture : ils enterrent leurs morts, décorent leur maison, manifestent une recherche de la beauté et du sacré.

Les Néandertaliens se sont eux-mêmes éteints, remplacés par des hommes deux fois sages, *Homo sapiens sapiens*, comme on a eu l'impudence de les désigner. Ces doubles *sapiens* — notre espèce — se manifestèrent il y a 35 000 ans, peut-être davantage ;

ils constituent la seule espèce d'homme vivant actuellement sur la Terre et leur capacité cérébrale atteint en moyenne 1 330 centimètres cubes.

Telle est l'histoire de l'homme, une histoire dont on connaît en gros les origines et pas du tout la fin.

On a souvent voulu symboliser ces origines par une petite femelle australopithèque, Lucy, dont le squelette fut découvert en Afrique le 30 novembre 1974, par deux membres d'une expédition franco-américaine. Lucy ne mesurait guère plus d'un mètre et était morte à l'âge de 22 ans, il y a environ 3,5 millions d'années, à une époque où ses frères de race peuplaient l'Est africain. Le soir même de la découverte, le magnétophone de l'expédition diffusait le « tube » des Beatles, *Lucy in the Sky with Diamonds* : c'est pourquoi le squelette fossile fut baptisé ainsi. Il devint si célèbre qu'il finit presque par éclipser la chanson des Beatles...

Or, le crâne de Lucy était quatre fois plus petit que celui d'une femme actuelle. Cette évolution fulgurante de la taille du cerveau en quelques millions d'années — laps de temps très court pour les paléontologues — n'a pas manqué de les surprendre. En fait, pareil phénomène remonte bien au-delà des origines de l'homme. Selon le paléontologue

Russell, depuis les poissons du Silurien, vieux de 400 millions d'années, en passant par les Dinosaures, puis par les Mammifères, le cerveau n'a cessé de croître, sans doute d'un facteur 10, et ce de manière à peu près régulière. Mais cet accroissement revêt une intensité considérable ; il s'emballe littéralement dans l'évolution du genre *Homo*. Les zoologues ont ainsi sur les botanistes l'avantage de pouvoir déceler, au moins chez les Vertébrés, une sorte d'axe fondamental traversant toute l'évolution biologique de ces derniers et correspondant à un accroissement constant de leur volume cérébral. Au contraire, l'évolution des plantes s'effectue au gré d'un grand nombre de directions indépendantes, avec, certes, des tendances convergentes chez les groupes les plus récents et les plus évolués, qui présentent alors des caractères voisins, même s'ils appartiennent à des lignées évolutives dépourvues de parenté. Mais rien, chez les plantes, ne rappelle cette flèche de l'évolution des Vertébrés qui pourvoit leur cerveau d'un volume sans cesse croissant.

Ce formidable ordinateur, dont la capacité est évaluée à cent milliards de neurones, capable d'établir chacun jusqu'à 10 000 interconnexions, est à l'origine de toutes les performances, de tous les succès, mais aussi de tous les risques qui caractérisent notre espèce.

Voici à nouveau manifestés, à l'extrême pointe de l'évolution biologique, les spectaculaires effets de l'associativité symbiotique lorsque celle-ci intègre dans un organe complexe mais unique un nombre de plus en plus élevé d'éléments de plus en plus étroitement imbriqués. Le cerveau est non seulement d'une complexité inouïe, mais il est de surcroît particulier à chaque individu : c'est la base du « moi », de son unité psychique et mentale telle qu'elle se traduit notamment dans la continuité de ses souvenirs les plus reculés.

Comment se peut-il, s'interroge John C. Eccles[1], « que cette diversité extrême se trouve intégrée à chaque instant dans une unité vécue ? Manifestement, d'un point de vue opérationnel, l'esprit semble être de nature holistique et non divisible en parties ». Nouvelle démonstration, sans doute la plus spectaculaire de toutes, que le tout est plus que la somme des parties et que la richesse des structures symbiotiques, lorsqu'elles se complexifient, est le moteur qui engendre les plus grands progrès de la vie. Après le seuil, le « pas de la vie », voici, pour reprendre le langage cher à Teilhard de Chardin,

1. John C. Eccles, *op. cit.*

que nous franchissons le seuil, le « pas de l'Esprit » !

Pour accomplir de telles performances, la cellule cérébrale a dû naturellement se soumettre aux règles impérieuses qu'exige la vie en communauté et perdre une part importante des potentialités initiales communes à toutes les cellules, pour ne conserver et ne développer que les aptitudes propres à l'usage qu'en fait l'organe auquel elle appartient — ici, le cerveau. Plus question de « totipotence[1] » pour un neurone ! Acquérir des capacités éminentes exige un haut niveau de spécialisation, que ce soit chez l'individu des sociétés modernes ou chez le neurone. Ce dernier serait bien incapable, par exemple, de réaliser les merveilleuses performances métaboliques d'une cellule hépatique. On retrouve ici cette notion de « perte » et donc de « spécialisation » au nom d'un ordre supérieur, consubstantielle aux mécanismes de complexification et d'évolution.

---

1. La totipotence est l'aptitude d'une cellule à développer toutes ses potentialités.

que nous franchissons le seuil [illegible] de l'Esprit.

[illegible] à ces [illegible] ces, la cellule [illegible] à [illegible] ment [illegible] sou [illegible] que [illegible] la vie [illegible] en [illegible] et [illegible] part [illegible] pas [illegible] [illegible]

[illegible]

CHAPITRE 9

La société

Avec l'avènement de l'humanité, le social prend le relais du biologique et la sociodiversité se substitue à la biodiversité. Forces centrifuges et centripètes agissent de pair dans la société au sein de laquelle s'exercent les conflits les plus cruels, mais aussi les solidarités les plus émouvantes. Lesquels de ces mouvements l'emporteront ? L'humanité sera-t-elle capable de consentir les sacrifices nécessaires à la sauvegarde de son avenir ? (Disciplines de référence : sociologie, histoire.)

A compter de cette étape, l'évolution sociale prend le relais de l'évolution biologique. Le maillon de base désormais soumis à la pression complexifiante et organisationnelle n'est plus la cellule, mais l'homme.

Avec ce dernier, on n'en retrouve pas moins les trois principes dégagés à propos de l'évolution de la matière et de la vie préhumaine :

1) L'homme évolue dans l'extrême diversité de ses structures et de ses organisations, de ses ethnies et de ses cultures. La sociodiversité vaut bien la biodiversité ! Pourtant, qu'il soit américain ou hottentot, malais ou zoulou, l'homme est un. L'humanité est une dans la sociodiversité, comme la vie est une dans la biodiversité, comme la matière est une dans la cosmodiversité.

2) L'analyse la plus superficielle des sociétés humaines, quelles qu'elles soient, met en lumière le jeu simultané et souvent paradoxal de la compétition et de la coopération : on fait la guerre en même temps qu'est dispensée l'aide humanitaire en faveur des victimes. Mais on sélectionne les cadres de la société civile ou politique selon des critères toujours plus stricts ; seule paraît compter l'aptitude à triompher dans la concurrence sévère qui prévaut sur les marchés internationaux ou dans la jungle politique. Le risque est de créer ainsi une société — voire un monde — à deux vitesses, reposant sur des exclusions et des rejets que, par ailleurs, les bonnes consciences dénoncent à cor et à cris. Élections et sélections, compétitions et affrontements sont au cœur de nos sociétés durement compétitives. La loi d'amour fondée sur la coopération, la convi-

vialité, la bonté[1] surtout, héritée des tréfonds de notre histoire, paraît singulièrement obsolète, comme un souvenir, peut-être une nostalgie. En revanche, le conflit, le règlement de comptes, le cycle de la violence, qui sont à la naissance du fonctionnement des premières sociétés humaines, comme l'a bien montré René Girard, sont un legs que nous avons su conserver[2] et faire prospérer !

3) Pour ce qui est du troisième principe, celui des pertes à consentir au profit de l'organisation sociale à laquelle on appartient, impôts, cotisations et prélèvements divers en attestent éloquemment. Tel est le coût de la solidarité nationale. Tel est le critère d'appartenance à une communauté d'histoire et d'intérêts. Mais les sacrifices à consentir ne se bornent pas à ceux-là. Chaque individu peut être considéré comme une cellule du corps social, lequel fonctionne comme un organisme biologique, raison pour laquelle on le nomme d'ailleurs aussi « organisme social ». A l'instar des cellules du cœur, du cerveau, du rein, du foie, qui ne développent que les potentialités compatibles avec l'or-

1. J'utilise ce mot à dessein car il représente à mes yeux une vertu fondamentale bien qu'aujourd'hui totalement dévaluée.

2. René Girard, *Des choses cachees depuis la fondation du monde*, Grasset, 1978 et 1983.

gane qui les contient, chaque individu est amené à ne développer que quelques-unes de ses potentialités, celles qui correspondent justement aux exigences de la profession qu'il exerce, de l'organe social auquel il appartient.

Cette tendance à la spécialisation ne fait que croître en raison même de la dépendance accrue de l'homme aux machines, robots et artefacts qu'il fabrique, au point que l'on peut parfois se demander lequel est l'esclave de l'autre. Ici, le fameux principe de la division du travail, qui n'a cessé de montrer ses effets en distribuant les tâches à des éléments de plus en plus spécialisés — des organites cellulaires à la cellule, de la cellule au tissu, du tissu à l'organe, de l'organe à l'organisme, de l'organisme biologique à l'organisme social —, apparaît dans toute sa rigueur. Il ne cesse d'« élaguer » dans une cellule, un tissu, un organe, un organisme, tout ce qui n'est pas utile à l'exercice de sa fonction. D'où l'émergence d'un homme monofonctionnel dont les autres potentialités se trouvent sévèrement réprimées. D'où la répression si fréquente des talents littéraires ou artistiques, voire des dons manuels si souvent mis dans l'impossibilité de se révéler dans nos sociétés fondées sur une « efficience » généralement appréciée dans les seuls domaines des technologies et de l'activité économique. Bienheureux, dans cette société rigidement monofonctionnelle, ce monde de connaissances rigoureusement monodisciplinaires — même quand on se targue du contraire —, ceux qui auront su se ménager un hobby, gage d'une retraite heureuse ! Bienheureux, par exemple, ceux que leur inclination au jardinage et au bricolage, à la chasse et à la pêche, ces mamelles de la vieille France, ne laissera jamais désœuvrés ! Mais plus heureuses encore ces personnalités exceptionnelles — célèbres ou inconnues — capables de jouer les chefs d'orchestre en conduisant avec succès plusieurs tâches à la fois dans les domaines les plus variés ! Celles-là, plutôt rares, il est vrai, nous rappellent que le psychisme — et le social qui en découle —, conservent toujours une certaine adaptativité, une capacité de développer, quand les conditions s'y prêtent, une vaste gamme de potentialités. L'ordre biologique, bien plus strictement déterminé, ne les tolérerait en aucune manière, lui qui assigne à chaque cellule la partition qu'il lui appartient de jouer là où elle est, dans l'organe qui la contient et qui lui impose impérativement sa loi. Imaginerait-on une cellule du foie fonctionnant comme un neurone ? Ou, plus étrange encore, un foie fonctionnant comme un cerveau ?

Les sociétés révèlent les lois fondamentales de la vie dont elles sont l'expression la plus avancée et la plus achevée. S'il existe bien, comme l'affirmait François Jacob, une logique du vivant[1], c'est à tous les niveaux de la vie, voire de la non-vie, qu'elle s'illustre.

Mais les sociétés sont fondamentalement hétérogènes. Elles se sont constituées au fil de toute une série d'étapes et ont chacune une histoire qui fonde leur singularité. Au sein de chaque société ainsi constituée dans le temps et dans l'espace, les individus eux-mêmes ont à leur tour leur propre histoire, qui exprime leur singulière diversité.

C'est que le cerveau ne s'est pas « allumé » d'un seul coup, il ne s'est pas subitement embrasé comme un feu de brousse. Une chose est de posséder le gros cerveau du *sapiens*, autre chose est d'en développer au maximum les potentialités. Or, l'émergence de la conscience est un fait lent et progressif, non pas le résultat d'une mutation ponctuelle, mais bien plutôt celui d'une maturation qui s'est accélérée aux ultimes confins de l'Histoire et de l'évolution, lorsque s'est complexifié le riche réseau de connexions généré par les traditions transmises, le savoir acquis, les expé-

1. François Jacob, *La Logique du vivant : une histoire de l'hérédité*, Gallimard, 1970 et 1976.

riences de la vie et, surtout, un bon système de décodage et de compréhension de la signification de ces expériences.

De même, il est de constatation courante que les lentes évolutions des individus, comme l'évolution de l'humanité entière, s'accomplissent avec d'énormes distorsions. Or, qui dit distorsions dit nécessairement tensions...

Il est manifeste que les ethnies et les cultures qui peuplent la Terre sont collectivement parvenues à des niveaux d'évolution fort différents. Il est non moins évident que la civilisation planétaire édifiée sur le modèle américain et qui se répand, elle, avec la rapidité d'un feu de brousse, représente la fine pointe de l'évolution sociale dans un accéléré vertigineux du temps et de l'espace. Cette tendance est à considérer comme un simple fait d'observation, hors de tout jugement de valeur. Les mêmes décalages s'observent, lorsqu'on y regarde de plus près, dans chaque ethnie, chaque culture. Et, quel que soit le niveau d'évolution que les ethnologues leur assignent, lequel va de l'âge de pierre à la modernité, on y retrouve les mêmes distorsions en ce qui concerne l'évolution personnelle des individus, même si les cerveaux ont pratiquement toujours le même volume. Chaque ethnie, chaque culture a ses sages : hommes de sensibilité, de savoir, de force, d'expérience et de conseil, émergeant au-dessus du lot commun.

En relisant les textes qu'adressèrent, au moment de la conquête, les chefs indiens au président des Etats-Unis pour défendre leurs terres, on reste coi devant ce singulier alliage de sagesse et de sensibilité dont nous aurions en vérité beaucoup à apprendre. Donnons ici par exemple la parole au grand chef Seattle :

« Le grand chef à Washington nous fait dire qu'il souhaite acheter nos terres... Nous allons considérer son offre, parce que nous savons que, si nous ne les vendons pas, l'homme blanc viendra peut-être avec des fusils et les prendra... Comment est-il possible d'acheter ou de vendre le ciel ou la chaleur de la terre ? Cette idée nous est étrangère. Si nous ne possédons pas la fraîcheur de l'air ou le scintillement de l'eau, comment pouvez-vous nous les acheter ?... Chaque partie de cette terre est sacrée pour mon peuple, chaque brillante aiguille de sapin, chaque plage sablonneuse, chaque brouillard dans les sombres forêts, chaque clairière, chaque bourdonnement d'insecte est sacré dans les pensées et les expériences de mon peuple... Nous faisons partie de cette terre, et elle fait partie de nous [1]... »

---

1. Cf. Claude Lévi-Strauss, *Race et histoire*, Paris, 1967.

Il en va de même dans toutes les ethnies, toutes les cultures, et jusque dans notre civilisation post-industrielle planétaire où les mêmes qualités émergent chez quelques individualités d'exception dont les peuples font leurs génies, leurs sages ou leurs saints.

De ces énormes distorsions dans le niveau d'évolution des consciences, les philosophies orientales — mais pas seulement elles ! — ont inféré la croyance en des réincarnations successives, entraînant les âmes immortelles dans une série de vies à travers lesquelles elles accumulent des expériences ; de vie en vie s'opèrent la décantation des scories inutiles, ainsi qu'une purification morale, un détachement accru qui les hissent, *in fine*, au plus haut niveau de l'évolution cosmique, par « abîmement » dans le Grand Tout : le nirvana.

Il est bien vrai que la meilleure école de vie reste la vie elle-même. « Nous sommes sur la Terre pour apprendre », aime à répéter mon ami Norbert Vogel[1]. Cette inesquivable discontinuité de l'évolution, individuelle et sociale, ce « différentiel de conscience » a heurté l'esprit égalitariste des révolutionnaires de 1789 et de leurs descen-

1. Norbert Vogel et Manuela Dumay, *Quand l'Homme s'éveillera*, Vivez Soleil, 1995.

dants qui ont tenté de la nier ou de la raboter. De fait, elle engendre nécessairement de puissantes inégalités, et donc de fortes tensions, non seulement entre ethnies et cultures d'âges différents dont les plus anciennes, les plus faibles, sont littéralement écrasées — ainsi des Indiens, des Esquimaux, des Bochimans —, mais aussi à l'intérieur de chaque ethnie, de chaque culture, de chaque société, entre les individus qui, pour se ménager une place au soleil, comme aurait dit Darwin, se livrent une permanente compétition.

Les dons étant divers et multiples, seuls ceux que la société affecte d'une connotation positive ou d'une valeur marchande sont les premiers pris en compte : aujourd'hui, les compétences en ingénierie financière plutôt que les dispositions artistiques, la biologie moléculaire plutôt que les sciences naturelles, et, bien entendu, les aptitudes aux domaines du « virtuel » plutôt que les talents manuels. Bref, on n'entre pas dans la compétition à armes égales et la société se révèle dramatiquement incapable de faire éclore en chaque enfant, en déployant ses qualités, le petit chef-d'œuvre qu'il porte en lui à l'état d'ébauche. Hélas ! que d'êtres humains resteront ainsi leur vie entière des chefs-d'œuvre inconnus ou en péril !

On perçoit d'autre part dans l'évolution sociale un double mouvement : l'un, d'expansion, d'universalisation, largement relayé et amplifié par les grands médias internationaux, tendant à la planétarisation, à l'édification de ce « village global » dont parlait McLuhan ; l'autre, de rétraction, illustré par la montée générale des nationalismes, des intégrismes, des conservatismes de tous ordres, frileusement repliés sur un respect strict et souvent restrictif des traditions.

Tandis que les jeunes, solidaires des mêmes valeurs, tributaires des mêmes stéréotypes diffusés mondialement par les médias, voient déjà la planète comme un grand village solidaire — même si ce village reste à construire —, on assiste dans le même temps à une montée des égoïsmes nationaux ou tribaux, des intérêts catégoriels, des nationalismes et des corporatismes les plus étriqués. Alors que s'affirme partout le principe de solidarité, nourri de concepts nouveaux — telles la lutte contre l'exclusion, l'ingérence humanitaire, sans doute demain l'ingérence écologique —, le mythe terriblement efficace de la compétition économique, judicieusement rebaptisée « guerre économique », ne cesse de croître et d'embellir, soumettant la planète entière à une implacable partie de bras de fer, d'où les plus faibles, voire, comme l'Afrique, un continent entier, sont cruellement éliminés. Cependant que le monde futur se cherche en invoquant les grands idéaux des droits de l'homme — tout en oubliant volontiers de parler des devoirs — et la solidarité manifestée par d'innombrables instances d'assistance et de coopération — ONU, ONG, associations, etc. —, une lutte sans précédent fait rage, comme si la guerre, désormais étendue à tous les domaines, avait rendu superflu son strict aspect militaire. Il en résulte un paysage planétaire paradoxal et contradictoire dont les facettes ont pour noms « lutte politique », « guerre économique », « conflits sociaux », etc.

Compétition/coopération, symbiose et affrontement : on retrouve à nouveau ce couple de concepts alliant dialectiquement forces centrifuges et forces centripètes, déjà à l'œuvre dans la matière et dans la vie préhumaine. Car l'humanité est elle-même soumise aux lois qui sont celles de la vie dès l'origine, et même de la non-vie. Les tensions perceptibles à tous les niveaux, au cœur de l'individu et entre les individus, au cœur des cultures ou des ethnies et entre elles, sont désormais perceptibles au niveau de la planète entière. Qu'en adviendra-t-il ? Réussirons-nous à résorber nos débordements compétitifs pour tendre vers cette humanité rassemblée et spiritualisée chère à Teilhard de Chardin [1] ? Vaincus et submergés par le déluge matérialiste, tomberons-nous au contraire dans les pires convulsions traditionnellement annoncées par les Apocalypses ? Celles-ci, qui demeurent une hypothèse à ne point écarter, entraîneront-elles l'extinction de l'espèce ou, au contraire, par une intervention proprement divine, une réconciliation définitive, éternelle, comme l'annonce l'apôtre Jean quand il décrit la défaite de l'Antéchrist et la victoire sur la Bête ?

Chacun choisira ici l'hypothèse qui exprimera le mieux sa sensibilité. Bornons-nous à constater que l'avenir reste ouvert et que, pour autant que nous puissions le savoir, nous en portons l'entière responsabilité.

---

1. Pierre Teilhard de Chardin, *Le Phénomène humain*, *op. cit.*

CHAPITRE 10

L'Être

On retrouve dans le Dieu chrétien, représenté par la Trinité, les traits constitutifs du Cosmos, de la Vie et de l'Homme. L'unité des trois personnes, dans la Trinité, illustre l'unité dans la diversité. L'amour entre elles sans aucune contrepartie manifeste la victoire de la communion sur les forces d'affrontement et de compétition. Le sacrifice du Fils est le prix de cet amour. Les créatures seraient donc bel et bien à l'image du Créateur. (Disciplines de référence : philosophie, théologie.)

Voici que vient d'être avancée une hypothèse mettant en scène une entité suprahumaine que les philosophies appellent « l'Être » et que le commun des mortels appelle « Dieu ». Un mot aux connotations diverses, bien souvent négatives dans la mesure où elles évoquent frustrations et culpabilités liées à l'éducation d'autrefois.

Les représentations de l'Être sont multiples ; elles diffèrent selon les religions et les cultures, ayant subi elles aussi une longue évolution depuis les conceptions panthéistes de l'Occident préchrétien ou de certaines religions orientales jusqu'au concept monothéiste des trois religions du Livre : le judaïsme, le christianisme et l'islam.

Pour le quart ou le tiers des humains qui appartiennent aux confessions chrétiennes, Dieu est représenté sous une forme trinitaire implicite dans les Évangiles. Cette représentation a été formulée explicitement, après bien des débats et quelques hérésies célèbres, par le concile de Nicée en 325. Le Dieu trinitaire, fait de trois personnes, est un Dieu d'amour ; Il est même l'amour absolu et l'absolu de l'amour ; et même plus que cela, puisque notre raison, nos spéculations humaines ne sauraient en aucune manière prétendre cerner, englober l'infinitude divine. Cet amour résulte d'un échange, on dirait aujourd'hui d'une intense communication, ou plutôt d'une parfaite communion entre trois personnes qui ne sont pourtant « qu'un seul et vrai Dieu ». Voici qu'apparaît dans sa plénitude le concept, si caractéristique de la vie, d'unité dans la diversité[1], au niveau le plus élevé que puisse atteindre notre entendement.

Entre les trois personnes divines, Père, Fils et Esprit, les relations — si l'on peut s'autoriser une fois encore cet anthropomorphisme audacieux, encore qu'il s'agisse ici plutôt de métaphores — sont comme l'épure, le modèle des forces additives, associatives, symbiotiques, coopératives, bref, des forces de l'amour à l'état pur, sans que ne se manifeste aucune des forces de sens contraire, adverses, compétitives, égocentriques, qui, communément, dans la matière, la vie, l'esprit humain et au sein des sociétés, le contredisent et/ou l'équilibrent. Car nul jamais n'a affirmé qu'il y ait compétition, tiraillement entre les personnes divines. Une telle idée ne figure pas même au catalogue des hérésies !

Voici donc que dans la représentation du Dieu chrétien apparaît le deuxième concept mis en scène dès le début de notre périple, celui de coopération, mais porté à un niveau d'intensité d'incandescence et de pureté infinies.

Bien plus, l'amour, par essence, est « diffusif », comme aime à le souligner l'abbé

1. Bien avant que ce concept ne soit à la mode, saint François de Sales parlait déjà d'« unidiversité » à propos de tout ce qui compose l'Univers.

Pierre. Il se donne, se partage, se répand ; il absorbe et résorbe l'égoïsme et la haine, qui ne sont que ses formes primitives refoulées, « invaginées » en quelque sorte. Dès lors, le couple amour/haine se dissout, car l'amour embrasse et embrase désormais le tout. Et ce qui demeure dans les ténèbres percevra aussi un jour la lumière.

Certes, la représentation trinitaire du Dieu chrétien est restée, pour la plupart, un « mystère » qui ne suscite plus guère d'interrogations dans la problématique contemporaine. Peu y ont vu un saisissant raccourci des attributs traditionnellement inhérents à la divinité : un Dieu qui crée à partir du néant, qui engendre, qui aime tout à la fois comme un père et une mère (le Père), un Dieu qui est force, lumière, intelligence, sagesse (le Saint-Esprit), et surtout un Dieu infiniment proche de l'homme, ami de l'homme, trait si spécifique et caractéristique du Dieu chrétien (le Fils).

Pour les uns, agnostiques ou athées, il s'agit là de représentations élaborées par le cerveau humain et la conscience sociale — ou l'inconscient collectif —, lesquels projettent en haut et en avant le rêve de voir se prolonger la vie au-delà de son parcours terrestre, grâce à cette entité mystérieuse que d'aucuns appellent Dieu. Pour d'autres, croyants, l'Univers entier, de la plus infime poussière de matière, de la plus impalpable trace d'énergie jusqu'aux plus hauts sommets de la créativité, de la beauté et de la bonté, est le fidèle reflet, l'image même du Dieu créateur. N'est-il pas dit dans le premier livre de la Bible que Dieu créa l'homme à Son image et à Sa ressemblance (proposition de surcroît répétée par deux fois afin que lui soit conférée toute sa force) ? Chacun choisira ici sa thèse en toute liberté et agira, ce faisant, conformément à l'image que les croyants se font de Dieu. Car Dieu est libre, et l'homme, à Son image, émarge à cette même liberté.

Poussons plus avant la métaphore. Le Dieu chrétien, ou la représentation chrétienne de Dieu — laissons le choix ouvert —, présente une troisième caractéristique originale. Également « conforme », en cela, aux lois décelées dans la marche de l'évolution de la matière jusqu'à l'être humain, Il a accepté, si l'on peut se permettre ce lourd anthropomorphisme, des pertes, et même de « lourdes pertes ». C'était en quelque sorte le « prix de l'amour », le prix à payer pour partager l'humaine condition, s'intégrer à la communauté humaine. Le Fils, la deuxième personne de la Trinité, a en effet pris notre condition par un acte d'abaissement inouï ; puis il a accepté la mort la plus ignominieuse : la mort sur une croix ! Saint

Paul résume en ces termes ce double abandon : « ... Lui qui est de condition divine n'a pas considéré comme une proie à saisir d'être l'égal de Dieu. Mais il s'est dépouillé, prenant la condition de serviteur, devenant semblable aux hommes, et, reconnu à son aspect comme un homme, il s'est abaissé, devenant obéissant jusqu'à la mort, à la mort sur une croix. C'est pourquoi Dieu l'a souverainement élevé et lui a conféré le Nom qui est au-dessus de tout nom, afin qu'au nom de Jésus tout genou fléchisse, dans les cieux, sur la terre et sous la terre[1]... »

Unité de nature dans la diversité des trois personnes divines : voici l'« unidiversité » de saint François de Sales appliquée à Dieu lui-même ; principe de coopération porté jusqu'à l'extrême de cet amour absolu qui ne laisse plus aucune place aux forces d'affrontement et de compétition ; acceptation en Jésus-Christ de pertes et de manques comme prix de l'amour ineffable. Voici que l'on retrouve dans le Dieu chrétien les trois grandes lois décelées dans le Cosmos, la Vie, l'homme, la société.

L'Occident chrétien aurait-il projeté dans l'essence divine les lois mêmes de la nature, mais portées à l'incandescence du sublime ?

---

1. Épître aux Philippiens, 2, 6-10.

Ou aurait-il au contraire décelé dans les attributs traditionnels de Dieu les lois mêmes de la nature, explicitées postérieurement par la science au cours de ce dernier siècle ? Comme si une compatibilité inattendue liait la nature au Créateur ? Les créatures seraient-elles donc bien à l'image du Créateur ? Ou le Créateur, une image sublimée des créatures ?

Laissons l'interrogation en suspens [1]. Chacun y répondra selon sa sensibilité, ses convictions. Malgré regains d'intolérance et inquisitions nouvelles, la liberté de croyance et de pensée n'est-elle pas un des acquis irréversibles de notre monde en cette dernière décennie du dernier siècle du millénaire ?

---

1. Appliquer à Dieu des principes, des lois qui régissent l'ordre de la matière et de la vie, n'est-ce pas faire preuve d'un réductionnisme inacceptable, d'une audace quasi blasphématoire ? N'est-ce pas prétendre enfermer Dieu dans une vision d'homme, un cerveau d'homme ? Pourtant, qu'ont fait les hommes de tous les temps, sinon tenter d'appréhender l'infinitude divine par des raisonnements et des concepts issus de cerveaux humains, à la lumière certes d'un contenu révélé, mais révélé lui aussi en langage humain ? Nul ne saurait cependant prétendre rendre compte par des concepts de l'absolue transcendance de Dieu : celle-ci continuera à nous dépasser infiniment.

Table

Avertissement 11
CHAPITRE PREMIER : L'Univers............. 15
CHAPITRE 2 : La Terre juvénile 25
CHAPITRE 3 : La naissance de la vie...... 37
CHAPITRE 4 : L'invention de la cellule.... 45
CHAPITRE 5 : L'amour cellulaire.......... 55
CHAPITRE 6 : L'ordre et la liberté......... 67
CHAPITRE 7 : Du végétal à l'animal....... 79
CHAPITRE 8 : Le cerveau.................... 91
CHAPITRE 9 : La société 101
CHAPITRE 10 : L'Être 115

Imprimé en France par la Société Nouvelle Firmin-Didot
Dépôt légal : mars 1996
N° d'édition : 4431 - N° d'impression : 33975
ISBN : 2-213-59611-5
35-30-9611-02/1